Contenido

Sección 2: POO. Programación orientada a objetos - p119

Conclusión - p227

Introducción

¡Bienvenido al fascinante mundo de Java! Este libro está diseñado para proporcionarte una base sólida en los aspectos fundamentales del lenguaje y en la programación orientada a objetos (POO). Java es un lenguaje de programación ampliamente utilizado que te permitirá crear desde aplicaciones simples hasta componentes esenciales para sistemas más complejos.

En este libro, comenzarás con una introducción a los conceptos básicos de Java, explorando su historia, características, y las aplicaciones que puedes desarrollar con él. Aprenderás a configurar tu entorno de desarrollo y a escribir tu primer proyecto en Java.

A medida que avances, te sumergirás en temas clave como los tipos de datos, variables, operadores y estructuras de control de flujo. Luego, el enfoque cambiará hacia la programación orientada a objetos, un paradigma que es esencial para el desarrollo en Java. Aquí aprenderás a crear y manipular objetos, usar herencia, aplicar polimorfismo, y trabajar con clases abstractas e interfaces.

Este libro está dirigido tanto a principiantes como a aquellos que ya tienen conocimientos básicos de programación y desean profundizar en Java. Cada capítulo incluye ejemplos prácticos y ejercicios que te ayudarán a solidificar tus conocimientos y prepararte para proyectos más avanzados.

Comencemos este viaje hacia el dominio de los fundamentos y la POO en Java.

1. La historia de Java

Java es un lenguaje de programación y una plataforma informática que fue introducida por primera vez por Sun Microsystems en 1995. La historia de Java es un fascinante viaje desde sus humildes comienzos hasta convertirse en uno de los lenguajes de programación más utilizados en el mundo.

Todo comenzó a principios de los años 90, cuando un equipo de ingenieros de Sun Microsystems, liderado por James Gosling, comenzó a trabajar en un proyecto llamado "Green Project". El objetivo inicial era crear un lenguaje que pudiera ser utilizado para programar dispositivos electrónicos como televisores, microondas y otros aparatos de consumo. Este equipo diseñó un lenguaje que inicialmente se llamaba "Oak", en honor a un roble que estaba fuera de la oficina de Gosling.

Sin embargo, el lenguaje no encontró éxito inmediato en el mercado de dispositivos electrónicos. Entonces el equipo decidió re-enfocar su esfuerzo hacia el mercado de Internet. Con la proliferación de la World Wide Web, había una creciente necesidad de un lenguaje de programación que fuera independiente de la plataforma, seguro y con capacidades de red. En 1995, el lenguaje fue rebautizado como "Java" y se lanzó junto con el navegador web HotJava, que demostraba sus capacidades.

La premisa fundamental detrás de Java era "Write Once, Run Anywhere" (WORA), es decir, escribe el código una vez y ejecútalo en cualquier plataforma que tenga una Máquina Virtual de Java (JVM). Esta capacidad de independencia de plataforma fue revolucionaria y rápidamente convirtió a Java en una elección popular para desarrolladores de todo el mundo.

Java se ha evolucionado significativamente desde sus primeros días. La adquisición de Sun Microsystems por Oracle Corporation en 2010 llevó a un mayor desarrollo y expansión de la plataforma Java. A lo largo de los años, se han lanzado múltiples versiones de Java, cada una añadiendo nuevas características, mejorando el rendimiento y reforzando la seguridad.

Hoy en día, Java es omnipresente en el mundo de la programación. Se utiliza en una amplia variedad de aplicaciones, desde aplicaciones móviles y de escritorio hasta sistemas empresariales y aplicaciones web. La robustez, seguridad y versatilidad de Java lo han mantenido relevante a pesar de la aparición de nuevos lenguajes de programación.

La historia de Java es un testimonio de la innovación y la adaptabilidad en el mundo de la tecnología. Java sigue siendo una herramienta fundamental para desarrolladores y empresas, impulsando la creación de soluciones tecnológicas en todo el mundo. Adía de hoy, es el lenguaje de programación más utilizado en el mundo, según el índice TIOBE.

2. Características de Java

- Es **sencillo** en el sentido de que se quitaron las características más complejas de otros lenguajes de programación, como el recolector de basura, la aritmética de punteros, los ficheros de encabezado y cosas así de otros lenguajes.

- Es **orientado a objetos**, lo iremos viendo a lo largo del curso.

- Es un lenguaje de programación **fácil de distribuir** a través de Internet para diferentes plataformas.

- Es un lenguaje de programación **"seguro"**, entre comillas, porque como todo en informática tiene sus fallas de seguridad.

- Es **neutro** respecto a la arquitectura, lo que significa que es independiente del hardware y del sistema operativo en el que se ejecute. El mismo código Java pueda ejecutarse en cualquier dispositivo que tenga una Máquina Virtual de Java (JVM) compatible, sin necesidad de modificaciones.

- Es **adaptable** porque los sus tipos de datos primitivos son adaptables a todas las plataformas.

- Es un lenguaje **interpretado**, es decir, el entorno de ejecución java interpreta el archivo .class, archivo de bytecodes.

- En **de alto rendimiento** por su capacidad para ejecutar aplicaciones de manera eficiente y rápida, comparable a otros lenguajes de programación como C++ que son conocidos por su velocidad.

- Es **multihilo**, es decir, es capaz una aplicación Java de ejecutar varias tareas de forma simultánea.

3. ¿Qué aplicaciones podemos crear con Java?

Java es un lenguaje de programación muy versátil que permite la creación de una amplia variedad de aplicaciones. A continuación, se presentan los principales tipos de aplicaciones que se pueden desarrollar con Java:

Aplicaciones de Escritorio. Java es ideal para desarrollar aplicaciones de escritorio gracias a sus bibliotecas gráficas como Swing, JavaFX y SWT. Ejemplos incluyen:

- Editores de texto: Como LibreOffice.

- Herramientas de diseño: Como Sweet Home 3D.

Aplicaciones Web. Java es ampliamente utilizado en el desarrollo de aplicaciones web gracias a sus robustos frameworks y bibliotecas. Ejemplos incluyen:

- Sitios web dinámicos: Utilizando frameworks como Spring MVC, Struts y JavaServer Faces (JSF).

- Aplicaciones empresariales: Basadas en J2EE (Java Enterprise Edition) que utilizan servlets, JSP y EJB.

Aplicaciones Móviles. Java es el lenguaje principal para desarrollar aplicaciones Android, la plataforma móvil más popular del mundo. Ejemplos incluyen:

- Aplicaciones nativas de Android: Desarrolladas utilizando Android Studio y el SDK de Android.

Aplicaciones Empresariales. Java es muy popular en el desarrollo de aplicaciones empresariales debido a su capacidad para manejar operaciones de gran escala y transacciones complejas. Ejemplos incluyen:

- Sistemas de gestión empresarial (ERP).

- Aplicaciones de procesamiento de transacciones financieras.

Aplicaciones Científicas. Java se usa en aplicaciones científicas y de investigación por su precisión y rendimiento. Ejemplos incluyen:

- Simulaciones científicas.

- Aplicaciones de visualización de datos.

Juegos. Java se utiliza para desarrollar tanto juegos simples como complejos. Ejemplos incluyen:

- Juegos de navegador: Utilizando tecnologías como Applets (aunque ahora están obsoletos) y Web Start.

- Juegos de escritorio: Como Minecraft.

Servicios Web. Java se usa para desarrollar servicios web que permiten comunicarse entre aplicaciones a través de la web. Ejemplos incluyen:

- SOAP (Simple Object Access Protocol).

- RESTful APIs.

Big Data y Análisis. Java se utiliza en el campo de Big Data para manejar y procesar grandes volúmenes de datos. Ejemplos incluyen:

- Frameworks como Apache Hadoop y Apache Spark.

Internet de las Cosas (IoT). Java es también una opción popular para el desarrollo de aplicaciones IoT debido a su plataforma robusta y escalable. Ejemplos incluyen:

- Dispositivos conectados y sensores.

- Sistemas de control remoto.

4. Instalación del software necesario

Vamos a comenzar con el proceso de instalación del software necesario para poder programar en Java. Debemos instalar el entorno de ejecución Java JRE (Java Runtime Environment) y un IDE (entorno de desarrollo) que nos ayude a programar, en nuestro caso será eclipse. Ambos recursos son gratuitos y los podemos descargar en sus páginas oficiales.

Vamos a la página oficial de Oracle y descargamos e instalamos el paquete JDK (Java Development Kit). Este kit trae todo el entorno de ejecución Java, la JRE. Recomiendo para hacer el curso la versión 17. Escoge tu plataforma Linux, Mac o Windows. Después vamos a la página oficial de eclipse y lo descargamos e instalamos.

Sección 1: Fundamentos Java

En esta primera sección del libro abordaremos los pilares fundamentales de Java, sentando las bases que necesitarás para desarrollar tus propias aplicaciones. Exploraremos conceptos esenciales como la sintaxis básica del lenguaje, tipos de datos, estructuras de control, las estructuras básicas, etc. A medida que navegues por esta sección, te proporcionaré ejemplos prácticos y explicaciones claras para que puedas asimilar cada tema con facilidad y confianza.

5. Creación del Primer Proyecto en Eclipse

Crear tu primer proyecto en Eclipse es un paso emocionante y esencial en tu viaje para aprender Java. Aquí te guiaré a través del proceso, asegurándome de que cada paso esté claro y bien explicado.

1. **Crea la Carpeta para tus Programas Java:** Antes de abrir Eclipse, es importante que organices tu trabajo. Comienza creando una carpeta en tu sistema donde almacenarás tus programas Java. Por ejemplo, puedes crear una carpeta llamada CursoJava dentro de Documentos. Esta carpeta servirá como tu espacio de

trabajo, facilitando la organización y el acceso a tus proyectos.

2. **Abrir Eclipse:** Una vez que tengas tu carpeta lista, abre Eclipse. Al iniciar Eclipse por primera vez, puede que aparezca una pantalla de bienvenida. Si prefieres no verla cada vez que inicias el programa, puedes desactivar la opción "Always show" en esta pantalla.

3. **Configurar el Espacio de Trabajo:** Eclipse te pedirá que selecciones un espacio de trabajo, que es básicamente la ubicación donde se guardarán tus proyectos. Selecciona la carpeta que creaste anteriormente (Documentos/CursoJava). Esto garantiza que todos tus proyectos Java estarán organizados en un solo lugar.

4. **Crear un Nuevo Proyecto:** Para crear un nuevo proyecto, dirígete al menú File y selecciona New > Project. En la ventana que se abre, selecciona Java Project y haz clic en Next. Este paso configura un nuevo proyecto Java donde podrás empezar a escribir tu código.

5. **Nombre del Proyecto:** Ahora, introduce el nombre de tu proyecto. Por ejemplo, puedes llamarlo PrimerProyecto. Es recomendable evitar usar espacios en blanco y caracteres especiales en el nombre del proyecto para evitar problemas de compatibilidad.

6. **Configuración del Proyecto:** Deja seleccionada la localización por defecto para el proyecto. Además,

asegúrate de que Eclipse esté utilizando el Java Runtime Environment (JRE) correcto. Para este curso, utilizaremos JavaSE-1.8.

7. **Desactivar la Creación de Módulos:** En la parte inferior de la ventana de configuración del proyecto, encontrarás una casilla que dice Create module-info.java. Desactívala, ya que los módulos serán tratados más adelante en el curso.

8. **Finalizar la Creación del Proyecto:** Haz clic en Finish para completar la creación del proyecto. Ahora, tu nuevo proyecto aparecerá en el explorador de proyectos de Eclipse.

9. **Crear una Nueva Clase:** Dentro del proyecto recién creado, haz clic derecho en la carpeta src y selecciona New > Class. Esto te permitirá crear una nueva clase, que es donde escribirás tu código Java.

10. **Configurar la Clase:** Introduce el nombre de la clase, por ejemplo, MiApp. Marca la casilla `public static void main(String[] args)` para que Eclipse genere automáticamente el método main. Este método es el punto de entrada de cualquier aplicación Java y es donde comenzarás a escribir tu código.

11. **Finalizar la Creación de la Clase:** Haz clic en Finish. Ahora, tu clase MiApp está lista para ser editada.

Código de la Clase Java:

```java
public class MiApp {
    public static void main(String[] args) {
```

```
        System.out.println("Hola mundo");
    }
}
```

Dentro de las llaves del método main, escribe
System.out.println("Hola mundo");. Este comando imprime
"Hola mundo" en la consola.

- **Nota:** Todas las sentencias en Java deben terminar con
  un punto y coma ;.
- El asterisco * junto al nombre de la clase en la parte
  superior del área de trabajo indica que hay cambios no
  guardados.
- Al hacer clic en el icono del disquete para guardar,
  Eclipse realiza dos acciones:
    - Guarda los cambios realizados.
    - Compila el programa.
- Para ejecutar un programa haz click en el botón verde
  play arriba en la barra de herramientas

Compilar: Este proceso transforma el archivo con extensión
.java que hemos creado en un archivo con extensión .class, el
cual contiene el bytecode que la Máquina Virtual de Java (JVM)
puede ejecutar.

Ver la Consola en Eclipse:

Si no ves la consola en Eclipse, sigue estos pasos para abrirla:

1. Ve al menú superior y selecciona Window.
2. En el menú desplegable, selecciona Show View y luego
   Console.

3. La consola debería aparecer en la parte inferior de tu espacio de trabajo. Aquí es donde podrás ver la salida de tu programa.

Conceptos Fundamentales en Java

Ahora que has creado tu primer proyecto, es importante comprender algunos conceptos básicos de Java:

- **Palabras Reservadas:** Son términos que tienen un significado especial en el lenguaje Java, como `public`, `class`, `static`, `void`, `System`, y `println`. No pueden ser utilizados para otros fines, como nombres de variables o métodos.

- **Palabras no Reservadas:** Son términos que el programador elige libremente, como hola y mundo, y no forman parte del conjunto de palabras reservadas de Java.

- **Case Sensitive:** Java distingue entre mayúsculas y minúsculas. Esto significa que public no es lo mismo que Public. Es crucial tener en cuenta esta distinción para evitar errores.

- **Comprensión de Términos Comunes:** Al principio, es normal no entender completamente términos como `public static void main(String[] args)` y `System.out.println()`. Con la práctica y el avance en el libro, estos conceptos se volverán más claros.

- **Uso de Llaves:** En Java, los bloques de código se delimitan con llaves {}. Cada aplicación debe tener al menos una clase y un método main, ambos delimitados por llaves.

- **Comentarios:** Son anotaciones en el código que no son ejecutadas por la JVM y sirven para hacer el código más legible.

  - **De una sola línea:** Utilizan //.
  - **De múltiples líneas:** Utilizan /* ... */.

Ejemplos de Comentarios:

```
// Este es un comentario de una sola línea
int edad = 25; // Inicialización de la variable edad

/*
Este es un comentario de múltiples líneas.
Se puede utilizar para descripciones detalladas.
*/
```

Orden de Trabajo en Eclipse:

- **Espacio de Trabajo:** Carpeta donde se almacenan los proyectos.
- **Proyectos y Paquetes:** Eclipse organiza aplicaciones en proyectos, que contienen paquetes, y estos, a su vez, contienen las clases Java.

Mantén el orden correcto de apertura y cierre de llaves para evitar errores y utiliza los comentarios para mejorar la legibilidad del código. ¡Ahora estás listo para empezar a programar en Java con Eclipse!

6. Tipos de datos

En el desarrollo de software, la información se maneja en forma de datos. Para que una máquina o un programa pueda entender y manejar estos datos, debemos decirle qué tipo de datos son. Java tiene tipos de datos primitivos que se dividen en cuatro categorías principales:

Tipos de Datos Enteros:

Representan números enteros y permiten valores negativos. Hay cuatro tipos de enteros en Java:

int: Ocupa 4 bytes, con un rango de -2,147,483,648 a 2,147,483,647.

short: Ocupa 2 bytes, con un rango de -32,768 a 32,767.

long: Ocupa 8 bytes, con un rango de -9,223,372,036,854,775,808 a 9,223,372,036,854,775,807.

Se indica con el sufijo L.

byte: Ocupa 1 byte, con un rango de -128 a 127.

Tipos de Datos Decimales (Coma Flotante):

Representan números con parte fraccionaria. Hay dos tipos principales:

float: Ocupa 4 bytes y tiene una precisión de aproximadamente 6-7 cifras decimales. Se indica con el sufijo f.

double: Ocupa 8 bytes y tiene una precisión de aproximadamente 15 cifras decimales.

Por ejemplo, en YouTube las visualizaciones de un vídeo son un tipo de dato numérico.

Tipos de datos de caracteres:

Representan caracteres individuales

char: ocupan 2 bytes. Utilizan la codificación UTF-16. Se escribe entre comillas simples 'a', 'z'....

Tipos de datos lógicos: Representan valores lógicos

boolean: pueden ser true o false. Son utilizados para evaluar condiciones lógicas.

Por ejemplo, cuando alguien le da un like a un vídeo o un mensaje, cambia el estado del like a true.

Ejemplos de Declaraciones

```
int numero = 127; // Tipo int, 4 bytes
short pequeño = 5000; // Tipo short, 2 bytes
long grande = 100000L;  // Tipo long, 8 bytes, nota
el sufijo L
byte pequeñoByte = 100; // Tipo byte, 1 byte
float decimal = 3.14f; // Tipo float, 4 bytes, nota
el sufijo f
double grandeDecimal = 3.14159265359; // Tipo double,
8 bytes
char letra = 'A'; // Tipo char, 2 bytes
boolean esVerdad = true; // Tipo boolean
```

7. Variables y Constantes

Para manejar tipos de datos en Java, es esencial almacenarlos en la memoria. Por ejemplo, imagina que estás desarrollando una aplicación de redes sociales donde los "me gusta" se van acumulando en las publicaciones. Cada vez que alguien hace clic en el botón de "me gusta", necesitas almacenar y actualizar ese dato. En Java, utilizamos variables y constantes para este propósito.

Variables

Una variable es un espacio en la memoria del ordenador donde se almacena un valor que **puede cambiar** durante la ejecución de un programa.

Por ejemplo, en YouTube, los likes son una variable que contiene un tipo de dato numérico que cambia conforme le van dando likes.

Para crear una variable en Java, se especifica el tipo de dato que almacenará y el nombre de la variable.

Declaración de variable:

int likes;

Esta declaración reserva un espacio en la memoria RAM y lo denomina salario, destinado a almacenar un valor entero.

Inicializar una variable significa asignarle un valor.

Sintaxis para inicializar una variable:

likes = 0;

Java no permite usar variables que no se hayan inicializado previamente.

Utilizar variables es crucial para almacenar valores necesarios durante la ejecución del programa, permitiendo manipular y actualizar estos valores según sea necesario.

Ejemplo Completo:

```
int likes; // Declaración de la variable
likes = 0; // Inicialización de la variable
System.out.println("El vídeo tiene: " + likes);
```

En este ejemplo, likes es una variable que primero se declara y luego se inicializa con el valor 0. Posteriormente, se imprime el valor almacenado en la variable.

¿Qué ocurre al crear o declarar variables?

Al crear o declarar variables en Java, se reserva un espacio en la memoria RAM del ordenador para almacenar el valor de la variable.

Ejemplo: int likes;

Internamente, esto significa que Java reserva 4 bytes en la memoria RAM para la variable likes.

Al **inicializar** una variable, le asignas un valor.

Ejemplo: likes = 0;

Internamente, el número 0 se almacena en el espacio de memoria reservado para likes.

¿Qué ocurre si en vez de declarar una variable de tipo entero declaramos una variable de tipo long likes? En este caso, se reserva en la memoria de nuestro ordenador un espacio mucho mayor que si fuera de tipo entero. Una variable de tipo entero ocupa 4 bytes de espacio en la memoria RAM, mientras que una variable de tipo long ocupa 8 bytes de espacio. Esa es la diferencia, internamente estamos reservando más espacio en una que en otra.

¿Por qué es tan importante conocer este proceso interno?

Porque afecta a la optimización de recursos. En un programa complejo, si vas a declarar muchísimas variables, conviene que las optimices. Es decir, si necesitas almacenar la edad de una persona, lo suyo es que ese dato lo declares como un int, e incluso como un byte. ¿Por qué? Porque el espacio en la memoria que utilizas para almacenar ese dato estará más aprovechado que si declaras una variable de tipo long para almacenar el mismo valor, el 17.

Nota: El tipo de dato que almacena texto en Java, no solo letras de tipo char, no es un tipo primitivo. Para almacenar palabras y frases en Java, utilizamos datos de tipo string, pero un string no es un tipo primitivo, sino que es un objeto. Esto lo entenderemos más adelante cuando abordemos la programación orientada a objetos.

Ahora que hemos repasado los conceptos, vamos a declarar variables en Eclipse trabajando en nuestro proyecto PrimerProyecto dentro del paquete por defecto.

Nota: Se aconseja escribir todo el código que se va mostrando a lo largo del libro y hacer los ejercicios que se proponen para un correcto aprendizaje. Sin práctica no hay maestría.

1. **Crea una nueva Clase:**

   - Haz clic en el botón con forma de "C" en la barra de herramientas de Eclipse para crear una nueva clase.
   - Aparecerá una ventana para crear una nueva clase.

2. **Especifica el Nombre de la Clase:**

   - Introduce el nombre de la clase siguiendo las reglas de Java: sin símbolos extraños, sin espacios en blanco, y no debe comenzar por un número.
   - Ejemplo: DeclaracionVariables.

3. **Añade el Método main:**

   - Marca la casilla public static void main para que Eclipse añada automáticamente el método main.

4. **Finaliza la Creación de la Clase:**

   - Haz clic en Finalizar para crear la clase con el método main incluido.

Declarar y Usar Variables:

1. **Declara una Variable:**

- Determina qué tipo de dato es necesario. Por ejemplo, para almacenar la edad de una persona, que es un valor numérico pequeño, se puede usar byte.
- **Sintaxis:** byte edad;

```
public class DeclaracionVariables {
   public static void main(String[] args) {
      byte edad;
   }
}
```

2. **Inicializa una Variable:**

- Asigna un valor a la variable usando el signo igual (=).
- **Sintaxis:** edad = 22;

```
public class DeclaracionVariables {
   public static void main(String[] args) {
      byte edad;
      edad = 22;
   }
}
```

3. **Declarar e Inicializar en una Línea:**

- También puedes declarar e inicializar una variable en una sola línea.
- **Sintaxis:** byte edad = 22;

```
public class DeclaracionVariables {
   public static void main(String[] args) {
      byte edad = 22;
   }
}
```

4. Modifica el Valor de una Variable:

- Las variables pueden cambiar de valor a lo largo del programa.
- **Ejemplo:**

```java
public class DeclaracionVariables {
    public static void main(String[] args) {
        byte edad = 22;
        edad = 30;
        System.out.println(edad); // Imprime 30
    }
}
```

5. Imprimir el Valor de una Variable:

- Usa System.out.println(variable); para imprimir el valor de una variable en la consola.
- **Ejemplo:**

```java
public class DeclaracionVariables {
    public static void main(String[] args) {
        byte edad = 22;
        System.out.println(edad); // Imprime 22
        edad = 30;
        System.out.println(edad); // Imprime 30
    }
}
```

6. Flujo de Ejecución:

- El programa Java comienza a ejecutarse desde el método main y sigue de arriba hacia abajo, línea por línea, a menos que haya condicionales o bucles que alteren este flujo.

Ejemplo de Uso con Varias Personas:

Si queremos almacenar la edad de varias personas, podemos declarar múltiples variables:

```
public class DeclaracionVariables {
   public static void main(String[] args) {
      byte edadJuan = 25, edadLuis = 30, edadAna = 22;
      System.out.println("Edad de Juan: " +  edadJuan);
      System.out.println("Edad de Luis: " +  edadLuis);
      System.out.println("Edad de Ana: " +  edadAna);
   }
}
```

Este ejemplo ilustra cómo declarar e inicializar varias variables en una sola línea, y cómo imprimir sus valores.

Advertencias y Errores en Eclipse:

- Eclipse te mostrará advertencias (en amarillo) si una variable no se ha utilizado.
- Si pasas el ratón sobre la advertencia, Eclipse te explicará el motivo, como "variable local no utilizada".
- Esto no impedirá que el programa funcione, pero es una buena práctica resolver las advertencias para mantener el código limpio.

Ejercicio variables

Crea una clase InformacionPersonal y escribe un programa que declare variables de diferentes tipos (int, double, String, boolean) para almacenar información personal básica. El programa debe:

Declarar una variable String para el nombre.

Declarar una variable int para la edad.

Declarar una variable double para la altura en metros.

Declarar una variable boolean para indicar si la persona es estudiante.

Asignar valores a las variables declaradas.

Mostrar los valores almacenados en la consola.

Solución:

```
public class InformacionPersonal {
    public static void main(String[] args) {
        // Declaración de variables
        String nombre;
        int edad;
        double altura;
        boolean esEstudiante;

        // Asignación de valores
        nombre = "Pablo Serra";
        edad = 25;
        altura = 1.75;
        esEstudiante = true;

        // Mostrar los valores en la consola
        System.out.println(nombre);
        System.out.println(edad);
```

```java
        System.out.println(altura);

        System.out.println(esEstudiante);

    }

}
```

Constantes

Son muy parecidas a las variables, es un espacio en la memoria del ordenador donde almacenaremos un valor, pero a diferencia de las variables donde ese valor puede modificarse durante la ejecución de un programa, las constantes ese valor **no se podrá modificar**, su valor permanece constante durante toda la ejecución de un programa.

¿Por qué hay que utilizar constantes?

En programación, a veces es crucial que estos valores no se modifiquen ni accidental ni voluntariamente. Por ejemplo, en un programa de conversión de monedas es importante que los valores utilizados en el programa permanezcan fijos durante su ejecución para garantizar resultados correctos. Esto se puede lograr usando constantes, que aseguran que los valores no se cambien una vez definidos.

¿Cómo se crea una constante en Java?

Para declarar una constante en Java, se usa la palabra reservada final al inicio de la declaración, seguido del tipo de dato y el valor que se desea almacenar. Por ejemplo:

```
final double A_EURO = 1.66;
```

En este caso, a_euro es una constante de tipo double con un valor de 1.66. Al igual que con las variables, las constantes deben seguir las reglas de nombrado. Aunque es posible declarar una constante y asignar su valor más adelante, es más común hacerlo en una sola línea, ya que las constantes no cambian. Esto asegura que el valor se mantenga fijo durante toda la ejecución del programa. Por convención, las constantes se nombran en mayúscula.

Si tratas de cambiar el valor a lo largo del programa, eclipse te marcará un error.

8. Operadores

En Java, los operadores se dividen en cuatro categorías:

Operadores Aritméticos:

suma +

resta -

multiplicación *

división /

Se utilizan para realizar operaciones matemáticas básicas.

Operadores Lógicos, Relacionales y Booleanos:

mayor que >

menor que <

mayor o igual que >=

menor o igual que <=

igual a ==

Y lógico &&

O lógico | |

Se utilizan para evaluar condiciones, especialmente en condicionales y bucles.

Operadores de Incremento y Decremento:

incremento ++

decremento --

suma y asignación +=

resta y asignación -=).

Incrementan o decrementan el valor de una variable, comúnmente utilizados en bucles.

Por ejemplo, cuando le das like a un vídeo en YouTube, el operador ++ le suma 1 a los likes.

Operador de Concatenación:

Utiliza el operador +, que sirve tanto para sumar valores numéricos como para unir cadenas de texto. Java distingue el uso del operador según el contexto en que se aplique.

Estos operadores son fundamentales para el control de flujo y manipulación de datos en la programación en Java.

Vamos a practicar con operadores en Java, especialmente los aritméticos, de incremento y decremento, y de concatenación, puesto que los lógicos, hasta que no aprendamos los condicionales y bucles, no estamos en condición de practicarlos:

1. **Crea una Clase**: llamada UsoOperadores y deja que Eclipse genere el método main por ti.

2. **Declara Variables**: dos variables int:

   ```
   int num1 = 7;
   int num2 = 5;
   ```

3. **Operaciones Aritméticas**: Realiza operaciones aritméticas básicas y muestra los resultados en la consola:

   ```
   int resultado;

   resultado = num1 + num2;

   System.out.println("La suma es: " + resultado);

   resultado = num1 - num2;

   System.out.println("La resta es: " +
   resultado);

   resultado = num1 * num2;

   System.out.println("La multiplicación es: " +
   resultado);

   resultado = num1 / num2;

   System.out.println("La división es: " +
   resultado);
   ```

4. **Operadores de Incremento y Decremento**: Usa los operadores de incremento y decremento:

```
num2++;
System.out.println("Incremento: " + num2);

num2--;
System.out.println("Decremento: " + num2);

num2 += 10;
System.out.println("Incremento en 10: " +
num2);

num2 -= 3;
System.out.println("Decremento en 3: " + num2);
```

5. **Concatenación de Cadenas**: Usa el operador de concatenación para unir cadenas de texto:

```
System.out.println("El resultado de la suma es:
" + (num1 + num2));
```

Concatenar una cadena de caracteres en Java consiste en unir una cadena de texto con un valor numérico o con otra cadena utilizando el operador +. Por ejemplo, si deseas mostrar el salario de Manuel, puedes escribir:

```
double salario = 1850.55;
System.out.println("El salario de Manuel es: "
+ salario);
```

Esto imprime: El salario de Manuel es: 1850.55.

El operador + detecta si debe sumar valores numéricos o concatenar cadenas de texto según el contexto. No se pueden sumar una cadena y un número, pero sí concatenarlos. Es importante dejar un espacio en blanco dentro de las comillas para que la salida sea legible

```
System.out.println("El salario de Manuel es: "
+ salario + " euros en el mes de mayo" );
```

Esto imprime: El salario de Manuel es: 1850.55 euros en el mes de mayo.

Puedes concatenar varias partes de una frase utilizando el operador + múltiples veces. Esto es útil para unir cadenas largas o valores de diferentes variables, asegurando que la salida sea clara y legible.

También se puede concatenar y sumar en la misma instrucción, pero hay que poner la suma entre paréntesis para que Java detecte que es una operación matemática.

```
System.out.println("El salario de Manuel es: "
+ (salario+300) +       "  euros en el mes de
mayo" );
```

9. La API de Java y la Clase Math

Para poder realizar cálculos matemáticos avanzados hemos de utilizar la clase Math, pero para poder utilizar esta clase tenemos que hacer un primer acercamiento a la biblioteca de clases de Java, la API de Java. Lo primero que debes saber es que las clases de Java las podemos agrupar en dos grandes categorías, lo que serían las clases propias y las clases predefinidas.

Las **clases propias** ya las conocemos, son las clases que nosotros, como programadores, vamos creando a la hora de realizar nuestras aplicaciones.

Las **clases predefinidas** en Java son aquellas que ya vienen incluidas con el lenguaje de programación y forman parte de su biblioteca estándar, conocida como la API de Java.   La sigla API significa Application Programming Interface, o interfaz de programación de aplicaciones, y se refiere al conjunto de clases y métodos que Java ofrece para facilitar el desarrollo de software.

La API de Java

La API de Java es una vasta colección de clases predefinidas que están organizadas en paquetes. Esta biblioteca cubre una amplia gama de funcionalidades, desde estructuras de datos y manejo de archivos hasta gráficos y networking.

Imagina que estás haciendo un proyecto de carpintería. Para llevar a cabo este proyecto, necesitas diversas herramientas: martillos, destornilladores, sierras, etc. En lugar de fabricar tú mismo cada herramienta desde cero, tienes una caja de herramientas bien surtida que contiene todas las herramientas necesarias para completar tu proyecto.

La Caja de Herramientas: Representa la API de Java en su totalidad. Es un conjunto completo de herramientas (clases y métodos) que puedes utilizar para construir tus aplicaciones.

Los separadores: Son son los **paquetes** de la API que agrupan clases que tienen algo en común.

Herramientas: Son las **clases y métodos** en la API de Java. En lugar de construir cada herramienta tú mismo (escribir funciones complejas), puedes utilizar estas herramientas ya hechas para facilitar tu trabajo.

Las funcionalidades: Son los **métodos,** funciones específicas que una herramienta puede realizar. Así como una herramienta multifuncional puede tener varias funciones (como una navaja suiza que tiene un cuchillo, unas tijeras, un destornillador, etc.), una clase en Java tiene varios métodos, cada uno realizando una tarea específica.

La página web de Oracle ofrece acceso a la biblioteca de Java, permitiendo a los desarrolladores consultar la API en línea para asegurarse de que siempre está actualizada.

Consultar la API de Java en Línea

Para acceder a la API de Java actualizada:

1. **Buscar en Internet**: Utiliza un motor de búsqueda, como Google, y busca "Java API". El primer enlace suele llevarte directamente a la API de Java.
2. **Página de Oracle**: Esta página proporciona la API de Java en su totalidad y es una referencia esencial para cualquier programador Java.

Uso de la API en el Desarrollo

Durante el desarrollo, es común que los programadores tengan la API de Java minimizada o abierta en una pestaña del navegador para consultar la biblioteca de clases cuando sea necesario. Aunque entender la API en su totalidad puede ser complejo al principio, es importante familiarizarse poco a poco con sus partes principales.

A medida que avances en tu aprendizaje, empezarás a comprender mejor cómo utilizar la API de Java y cómo consultar la documentación para encontrar información sobre clases y métodos específicos. Esta práctica es crucial para desarrollar aplicaciones de manera eficiente y profesional en Java.

Una vez en la API de Java, en la parte superior izquierda se encuentran los **paquetes**, un término que se explicará más adelante. Debajo de los paquetes hay otro marco con las clases ordenadas alfabéticamente. Si buscamos y seleccionamos la clase Math, en el marco principal de la derecha se despliega una descripción detallada de esta clase, incluyendo sus campos y métodos (sinónimo de funciones en Java), proporcionando toda la información necesaria para entender y utilizar la clase Math en nuestras aplicaciones.

La clase Math

Al examinar la clase Math en la API de Java, encontramos inicialmente dos constantes: PI y E, ambas de tipo double, ya que almacenan valores decimales inmutables. En la API, siempre es importante fijarse en el tipo de datos que almacena cada variable o constante, así como el tipo de valor que devuelven los métodos. Por ejemplo, el método abs() devuelve un valor de tipo long, mientras que sqrt(), que calcula la raíz cuadrada de un número, devuelve un valor double ya que los resultados pueden ser decimales.

Los métodos en Java también tienen una "zona de parámetros" donde se especifica el tipo de argumento que deben recibir. En este caso, sqrt(double a) requiere un valor double como parámetro. La palabra clave static, que veremos en profundidad más adelante, indica que tanto las constantes como los métodos pueden ser utilizados directamente desde la clase Math sin necesidad de crear una instancia de la clase. Así, para utilizar la constante PI o el método sqrt(), debemos anteponer Math. seguido del nombre del elemento, como en Math.PI y Math.sqrt(9.0).

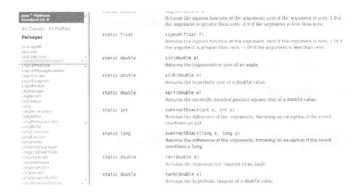

	Returns the signum function of the argument zero if the argument is zero, 1.0 if the argument is greater than zero, -1.0 if the argument is less than zero.	
static float	signum(float f) Returns the signum function of the argument; zero if the argument is zero, 1.0f if the argument is greater than zero, -1.0f if the argument is less than zero.	
static double	sin(double a) Returns the trigonometric sine of an angle.	
static double	sinh(double x) Returns the hyperbolic sine of a double value.	
static double	sqrt(double a) Returns the correctly rounded positive square root of a double value.	
static int	subtractExact(int x, int y) Returns the difference of the arguments, throwing an exception if the result overflows an int	
static long	subtractExact(long x, long y) Returns the difference of the arguments, throwing an exception if the result overflows a long.	
static double	tan(double a) Returns the trigonometric tangent of an angle.	
static double	tanh(double x) Returns the hyperbolic tangent of a double value.	

Es imposible para cualquier persona memorizar toda la biblioteca de clases de Java, así como todos los métodos y constantes de cada clase. Por este motivo, todo programador Java debe saber cómo acceder a ella fácilmente. Si queremos saber para qué sirve un método, basta con pulsar sobre él en la API. Por ejemplo, el método sqrt(), que significa "square root" (raíz cuadrada), devuelve el número positivo correspondiente a la raíz cuadrada del valor double que se le pasa como parámetro. Si pulsamos sobre él nos lleva a una descripción más amplia de este método, donde nos va a decir nuevamente para qué sirve, qué circunstancias pueden ocurrir con este método e incluso los parámetros que recibe, de qué tipo son, cómo trabajar con los parámetros en muchos casos y el valor que nos devuelve.

Algunos métodos muy usados son:

Redondear valores decimales:

Math.round(), Math.ceil() y Math.floor().

- Math.round(double a) devuelve el valor de a redondeado al entero más cercano.

36

- Math.ceil(double a) devuelve el menor entero que es mayor o igual a a.
- Math.floor(double a) devuelve el mayor entero que es menor o igual a a.

Ejemplo:

```
double num = 5.7;
System.out.println(Math.round(num));   // Salida: 6
System.out.println(Math.ceil(num));    // Salida: 6.0
System.out.println(Math.floor(num));   // Salida: 5.0
```

Hallar la Raíz Cuadrada de un Número

Para hallar la raíz cuadrada de un número, utilizamos el método Math.sqrt().

Ejemplo:

```
double num = 16;
System.out.println(Math.sqrt(num));   // Salida: 4.0
```

Cálculos Trigonométricos

Para realizar cálculos trigonométricos, como obtener el seno, coseno o tangente de un ángulo, utilizamos los métodos Math.sin(), Math.cos() y Math.tan(). Los ángulos deben estar en radianes.

Ejemplo:

```
double angle = Math.toRadians(45);   // Convertir 45
grados a radianes
System.out.println(Math.sin(angle));   // Salida:
0.7071067811865475
System.out.println(Math.cos(angle));   // Salida:
0.7071067811865476
System.out.println(Math.tan(angle));   // Salida: 1.0
```

Vamos a crear una clase. Primero, vamos al paquete por defecto, hacemos clic derecho y seleccionamos New > Class. Nombramos la clase Uso_Math y le indicamos a Eclipse que cree el método main, luego pulsamos en Finalizar.

Escribimos Math. y, a continuación, el método que necesitemos. Observamos cómo Eclipse, en sus menús inteligentes, nos muestra la lista de métodos de la clase. Si queremos utilizar el método sqrt, comenzamos a escribir y automáticamente aparece el método sqrt. Eclipse nos muestra el argumento que debe recibir (double), el tipo de dato que devuelve (double), y una mini descripción en un recuadro a la derecha, que es la misma información que aparece en la API al pulsar en el método para leer su descripción. En la parte inferior, Eclipse nos indica que presionemos la tecla de tabulación. Si lo hacemos, seleccionamos el método en pantalla y, al pulsar Enter, Eclipse escribe el método con sus paréntesis, esperando que ingresemos el parámetro. Es recomendable acostumbrarse a usar estos menús de Eclipse para evitar errores al escribir nombres de métodos complejos.

Casting

Vamos a seguir profundizando en el uso de la clase Math para realizar diferentes cálculos matemáticos y vamos a ver un término fundamental a la hora de programar en java que es el término y concepto de casting, también llamado refundición.

Si creamos una variable de tipo entero llamada resultado e intentamos almacenar en ella el valor devuelto por Math.round(3.4), Eclipse nos marcará un error. Esto se debe a que Math.round devuelve un valor de tipo long, no int. Al intentar asignar un long a un int, se produce un error de tipo. Eclipse sugiere realizar un casting para resolver este problema.

```
public class Uso_Math {
    public static void main(String[] args) {

        int resultado = (int) Math.round(3.4); // Se
necesita casting de long      a int
        System.out.println(resultado); // Salida: 3
    }
}
```

Un casting consiste en escribir entre paréntesis el tipo al que quieres **convertir** el valor que te devuelve, en este caso, el método round. Lo que hace esta expresión es examinar qué tipo nos devuelve y automáticamente lo convierte a un entero y lo almacena en la variable resultado.

Es importante acostumbrarse a realizar estos castings cuando trabajamos con tipos de datos diferentes para evitar errores y asegurar la correcta ejecución del código.

Sin embargo, si nosotros ponemos una F mayúscula a continuación del valor, 3.4F, estamos especificando que este valor es de tipo float y al ser de tipo float, tal y como nos indica la API, entonces nos devuelve un entero y ya no hay ningún problema en que almacenemos ese resultado dentro de la variable de tipo entero.

Al hacer casting con tipos primitivos, es importante tener en cuenta que puede haber pérdida de precisión. Esto ocurre porque un long puede almacenar números mucho más grandes que un int. Al convertir un long a int, se puede perder información si el valor es demasiado grande para un int. En nuestro ejemplo, al almacenar el número 3, no hay problema porque es un valor pequeño que cabe en cualquier tipo de variable numérica (byte, short, int, long). Sin embargo, si Math.round recibiera un valor numérico muy grande, habría problemas para almacenarlo en un int, debido a la **pérdida de precisión**.

Reglas para Casting

1. **Widening Conversion (Sin Pérdida de Información)**

   - Convertir de un tipo más pequeño a uno más grande en la jerarquía.
   - Ejemplo: `int a long`, `int a float`, `long a double`.

2. **Narrowing Conversion (Posible Pérdida de Información)**

   - Convertir de un tipo más grande a uno más pequeño en la jerarquía.

- Ejemplo: `long a int`, `double a float`, `int a short`.

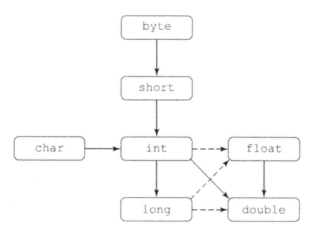

Conversión de tipos Java

Las flechas continuas indican que a la hora de hacer un casting no hay pérdida de información. Y la línea discontinua indica que puede haber pérdida de información.

Más adelante, cuando trabajemos con objetos, veremos que también podemos hacer castings para convertir un objeto de un tipo en otro diferente.

Ejercicios clase Math y Casting

1. Crea una clase nueva con el nombre de "**Raiz_Cuadrada**". Declara dos variables de tipo entero con los nombres de "**numero**" y "**resultado**".

Inicia la variable "**numero**" con el valor **9**.

41

Almacena en la variable "**resultado**" la **raíz cuadrada** de "**numero**".

Al ejecutar el programa, deberá salir en consola el mensaje "**La raíz cuadrada de 9 es 3**" concatenando la cadena de texto con las variables "**numero**" y "**resultado**".

2. Crea una clase nueva con el nombre de "**Calculo_Potencia**". Declara dos variables en la misma línea con los nombres de "**base**" y "**exponente**".

En la siguiente línea de código inicia la variable "**base**" en 5. A continuación inicia la variable "**exponente**" en 12.

Crea una variable con el nombre de "**resultado**" donde se almacenará el cálculo de "**base**" elevado a "**exponente**".

Al ejecutar el programa, deberá salir en consola el mensaje "**5 elevado a 12 es igual a 244140625**" concatenando la cadena de texto con las variables "**base**", "**exponente**" y "**resultado**".

3. Crea una nueva clase con el nombre de "**Redondeo_numerico**". Declara una variable con el nombre de "**numero**" y almacena en ella el valor **16.35**.

Sin declarar ninguna variable más, al ejecutar el programa deberá salir en consola el mensaje "**16.35 redondeado = 16**"

Soluciones:

1. Clase Raiz_Cuadrada

```
public class Raiz_Cuadrada {
    public static void main(String[] args) {
        int numero = 9;
        int resultado = (int) Math.sqrt(numero);
        System.out.println("La raíz cuadrada de " +
numero + " es " + resultado);
    }
}
```

2. Clase Calculo_Potencia

```
public class Calculo_Potencia {
    public static void main(String[] args) {
        int base = 5, exponente = 12;
        long resultado = (long) Math.pow(base,
exponente);
        System.out.println(base + " elevado a " +
exponente + " es igual a " + resultado);
    }
}
```

3. Clase Redondeo_numerico

```
public class Redondeo_numerico {
    public static void main(String[] args) {
        double numero = 16.35;
        System.out.println(numero + " redondeado = "
+ Math.round(numero));
    }
}
```

10. String. Manipulación de Cadenas de Caracteres en Java

Llega el momento de abordar la manipulación de cadenas de caracteres, una operación muy frecuente en cualquier lenguaje de programación. Permite realizar tareas importantes, como validar una dirección de correo electrónico al comprobar que contiene una "@" y un punto, y que tiene la longitud correcta. También se puede verificar que un texto introducido por un usuario cumple con ciertos requisitos de longitud, asegurando que no sea demasiado largo ni demasiado corto.

Para manejar estas operaciones, Java ofrece la clase String en su biblioteca estándar (API). Esta clase incluye una variedad de métodos y funciones que permiten manipular cadenas de caracteres de diversas maneras. A continuación, veremos algunos ejemplos y métodos comunes para trabajar con cadenas de caracteres en Java.

Antes de abordar el uso de la clase String, es crucial aclarar algunas distinciones fundamentales. Primero, no debemos confundir los tipos primitivos con las clases. En Java, String no es un tipo primitivo, sino una clase que se encuentra en la API de Java. Las clases representan objetos más complejos que los tipos primitivos.

Para declarar e inicializar una variable de tipo String, no hay diferencias prácticas respecto a hacerlo con un tipo primitivo, aunque la clase String tiene algunas peculiaridades propias.

Declarar una Variable de Tipo String

Para declarar una variable de tipo String, simplemente usamos la palabra reservada String (con "S" mayúscula) seguida del nombre de la variable, de la misma manera que lo hacemos con los tipos primitivos.

Ejemplo de Declaración:

String nombre;

Inicializar una Variable de Tipo String

Podemos inicializar una variable de tipo String de dos formas:

Declarar y luego Inicializar: Primero declaramos la variable y después le asignamos un valor, el string va siempre entre comillas.

```
String nombre;

nombre = "Carlos";
```

Declarar e Inicializar en la Misma Línea: Podemos declarar e inicializar la variable en una sola línea, similar a como lo hacemos con los tipos primitivos.

```
String nombre = "Carlos";
```

Ahora que ya sabemos cómo declarar e inicializar variables de tipo String, vamos a explorar más a fondo la clase String en la API de Java.

Acceso a la API de Java:

- Navega en la API de Java hasta la sección de clases que empiezan por "S" para encontrar la clase String.

- Haz clic en String para ver su descripción y detalles.

Descripción de la Clase String:

- En la descripción de la clase String, se presenta una explicación detallada de sus características y funcionalidades.

- Aunque al inicio del curso puede que no entiendas toda la descripción, es importante familiarizarse con los términos y conceptos que se mencionan.

Constructores y Métodos:

- Al desplazarte hacia abajo en la página de la clase String, encontrarás información sobre los constructores. Aunque discutiremos los constructores más adelante en el curso, es útil saber que existen.

- Lo más relevante para nosotros ahora son los métodos disponibles para la clase String.

- Debemos fijarnos en el tipo de dato que devuelve cada uno.

Colección de Métodos:

- La clase String incluye una amplia gama de métodos para manipular y examinar cadenas de caracteres. Algunos de los métodos más comunes son:

length(): Devuelve la longitud de la cadena. Tiene en cuenta los espacios en blanco.

```
String mensaje = "Hola Mundo";
int longitud = mensaje.length();
System.out.println("La longitud del mensaje es:
" + longitud);
```

Salida en consola:

```
La longitud del mensaje es: 10
```

charAt(int index): Devuelve el carácter en la posición especificada en index. La primera posición de una cadena es 0.

```
String mensaje = "Hola Mundo";
char caracter = mensaje.charAt(1);
System.out.println("El segundo carácter es: " +
caracter);
```

Salida en consola:

```
El segundo carácter es: o
```

substring(int beginIndex, int endIndex): Devuelve una subcadena entre las posiciones pasadas por parámetro.

String url = "https://www.ejemplo.com";

String dominio = url.substring(8, 19);
System.out.println("El dominio es: " + dominio);

Salida en consola:

El dominio es: www.ejemplo

contains(CharSequence s): Verifica si la cadena contiene la secuencia de caracteres especificada.

```
String email = "usuario@ejemplo.com";
boolean contieneArroba = email.contains("@");
boolean contienePunto = email.contains(".");
if (contieneArroba && contienePunto) {
    System.out.println("El email contiene '@' y
'.'.");
} else {
    System.out.println("El email no es
válido.");
}
```

Salida en consola:

`El email contiene '@' y '.'.`

replace(CharSequence target, CharSequence replacement): Reemplaza todas las apariciones de una secuencia de caracteres con otra.

```
String mensaje = "Hola Mundo";
String nuevoMensaje = mensaje.replace("Mundo",
"Java");
System.out.println(nuevoMensaje);
```

Salida en consola:

`Hola Java`

`equals(Object anObject)`: Compara esta cadena con el objeto especificado. Devuelve `true` si ambos son iguales.

```java
String textoUsuario = "Hola Mundo";
String textoEsperado = "Hola Mundo";
boolean sonIguales =
textoUsuario.equals(textoEsperado);
if (sonIguales) {
    System.out.println("Los textos son
iguales.");
} else {
    System.out.println("Los textos son
diferentes.");
}
```

Salida en consola:

Los textos son iguales.

ToLowerCase() y texto.toUpperCase(): Convierte cadenas a minúsculas o mayúsculas.

```java
String texto = "Java es GENIAL";
String textoMinusculas = texto.toLowerCase();
String textoMayusculas = texto.toUpperCase();
System.out.println("En minúsculas: " +
textoMinusculas);
System.out.println("En mayúsculas: " +
textoMayusculas);
```

Salida en consola:

```
En minúsculas: java es genial
En mayúsculas: JAVA ES GENIAL
```

Estos ejemplos ilustran cómo usar algunos de los métodos más comunes de la clase String para manipular cadenas de caracteres en Java. A medida que avances en tu aprendizaje, encontrarás muchas más formas de utilizar estas herramientas para resolver problemas específicos de manipulación de texto en tus programas. La clase String y sus métodos son fundamentales para el manejo de texto en cualquier aplicación que desarrolles.

Métodos Obsoletos (Deprecated):

- Al examinar la API, notarás que algunos métodos están marcados como "deprecated". Esto significa que están obsoletos y no se recomienda su uso. Estos métodos han sido reemplazados por otros más eficientes o con mejores funcionalidades.

Prueba los métodos

Vamos a crear una nueva clase en nuestro proyecto. Para ello, haz clic derecho sobre el paquete por defecto, selecciona "New" y luego "Class". También puedes utilizar el botón de nueva clase en la barra de herramientas.

A esta clase la llamaremos "ManipulaCadena". Asegúrate de escribir el nombre como "ManipulaCadena", sin espacios y con la primera letra de cada palabra en mayúscula (notación CamelCase).

Indica a Eclipse que genere automáticamente el método main. Esto se puede hacer marcando la casilla correspondiente en la ventana de creación de la nueva clase. Al finalizar, Eclipse creará la clase con el método main listo para que puedas comenzar a escribir tu código.

Escribe y prueba uno a uno los ejemplos expuestos anteriormente. Intenta hacer uso del menú IntelliSense. Cuando escribas la variable String seguida de un punto (mensaje.) aparecerá un menú desplegable con todos los métodos disponibles para String. Usa las flechas del teclado para navegar por los métodos y presiona Enter para seleccionar uno, si empiezas a escribir sub, por ejemplo, te aparecerá substring. Esto te permitirá ver y usar fácilmente los métodos de String en tu código.

11. API de Java. Los paquetes

Los paquetes en Java son para organizar las clases, evitar conflictos de nombres y controlar la visibilidad de las clases. Al igual que en tu sistema operativo organizas el contenido en carpetas y en subcarpetas, en Java puedes organizar las clases en paquetes y subpaquetes. Las clases que sirven para lo mismo o que tienen un comportamiento o un destino similar, se guardan en un paquete. Por ejemplo, todas las clases de la API de Java que sirven para crear interfaces gráficas, lo normal es que estén dentro de un mismo paquete. Igualmente puedes nombrar dos clases iguales en diferentes paquetes, pero no en el mismo paquete. La API de Java tiene sus paquetes predefinidos, que son muchos, y nosotros podemos crear nuestros propios paquetes.

Jerarquía de paquetes de Java

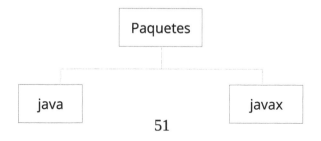

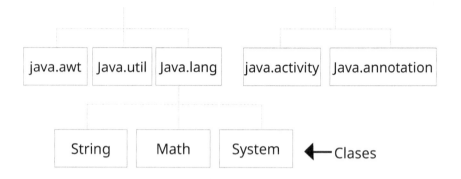

Cuando accedes a la API de Java, verás una lista de paquetes en el marco superior izquierdo. Estos paquetes están organizados alfabéticamente y comienzan con los de "java", seguidos por los de "javax", y luego otros de terceros. Al hacer scroll en el marco de los paquetes, puedes explorar los diferentes grupos de clases. Por ejemplo, al seleccionar el paquete "java.awt", en el marco de las clases aparecerán todas las clases pertenecientes a ese paquete, permitiéndote explorar y acceder a sus funcionalidades de manera organizada.

La API también proporciona una descripción de qué tipo de clases hay en cada paquete. Por ejemplo, si nos fijamos en el paquete java.awt, nos está diciendo que contiene todas las clases para crear interfaces de usuarios o ventanas.

Creación de paquetes propios

Para crear nuestros propios paquetes en Java, es importante seguir algunas reglas y convenciones. Primero, el nombre del paquete debe estar en minúsculas. Además, por convención, se recomienda utilizar un nombre de dominio al revés como nombre del paquete. Sin embargo, si no tienes un nombre de dominio, puedes utilizar tu propio nombre al revés, seguido de un punto y el nombre descriptivo del paquete, como "apellido.nombre.interfaces". Esto ayuda a organizar y estructurar tus clases de manera más clara y coherente.

Para crear un paquete en Eclipse, simplemente haz clic derecho sobre la carpeta "src", selecciona "New", y luego "Package". Alternativamente, puedes seleccionar la carpeta "src" y utilizar el botón correspondiente en la barra de herramientas de Eclipse para crear paquetes. Ambos métodos te llevarán a la misma ventana, donde simplemente debes escribir el nombre del paquete siguiendo la convención que te mencioné antes. Por ejemplo, "apellido.nombre.primerpaquete". Después de escribir el nombre, haz clic en el botón "Finish", y verás que tu paquete se crea dentro de la carpeta "src".

Importación de clases y paquetes

Dentro de la amplia variedad de paquetes en Java, hay uno considerado como el **paquete principal o por defecto**: java.lang. Esto implica que las clases contenidas en este paquete, como System, String, entre otras, están disponibles para ser utilizadas sin necesidad de importarlas explícitamente en el código. Sin embargo, cuando se requiere utilizar clases de otros paquetes, como java.awt, es necesario importarlas previamente en el programa para poder acceder a sus funcionalidades. Este proceso de importación no ha sido necesario hasta ahora debido a que nuestras clases han estado dentro del paquete java.lang.

Para importar una clase que no pertenece al paquete java.lang, vamos a crear una clase. En el explorador de paquetes, sobre nuestro paquete `apellido.nombre.primerpaquete`, hacemos clic con el botón derecho y seleccionamos "New" y luego "Class". Nómbrala "ImportacionPaquete". Que Eclipse nos cree automáticamente el método main. Sin embargo, notamos una advertencia de Eclipse que desaconseja el uso del paquete por defecto. Esto se debe a razones de organización, ya que Eclipse considera que el uso del paquete por defecto puede indicar una falta de organización en el proyecto. Por lo tanto, es recomendable crear nuestros propios paquetes para organizar nuestras clases de manera más efectiva.

Cuando intentamos crear un botón llamado `miBoton`, podemos notar un error marcado con globo rojo y subrayado en rojo. Este error indica que `Button` no puede ser resuelto como un tipo porque esta clase pertenece a un paquete distinto al paquete por defecto. Para solucionar este problema, primero necesitamos importar la clase `Button` desde el paquete `java.awt` utilizando la palabra reservada `import` seguida del nombre del paquete y la clase específica que deseamos importar. En nuestro caso, sería **import java.awt.Button;**.

Cuando colocas el cursor sobre el subrayado rojo del error, Eclipse te mostrará varias opciones para solucionarlo. La primera es importar la clase, si le das, Eclipse importará la clase automáticamente por ti

```
import java.awt.Button; // Importamos la clase Button del
paquete java.awt


public class EjemploBoton {

    public static void main(String[] args) {

        // Creamos una instancia de Button y la llamamos
        miBoton

        Button miBoton;

    }

}
```

Cuando importas una clase, estás reservando un espacio en la memoria de tu equipo. Es importante tener en cuenta este **consumo de recursos** al importar clases, ya que puede afectar el rendimiento y la eficiencia de tu aplicación, especialmente cuando trabajas con una gran cantidad de clases o paquetes. Por lo tanto, es recomendable importar solo las clases que necesites en tu programa en lugar de todo el paquete para minimizar el uso innecesario de recursos. Sin embargo, habrá ocasiones en la que sea útil y más legible importar ciertos paquetes enteros porque vas a utilizar varias clases de un mismo paquete.

```
import java.awt.*;// Importación de un paquete
con .*
```

Al navegar por la API de Java, cuando haces clic en una clase, el marco principal a la derecha te mostrará información detallada sobre esa clase, incluido el paquete al que pertenece.

12. Entrada y Salida de datos

En el mundo de la programación, la capacidad de interactuar con el usuario y manipular datos externos es fundamental para la creación de aplicaciones dinámicas y útiles. Java, como lenguaje de programación robusto y versátil, ofrece diversas formas de manejar la entrada y salida de datos.

Salida de datos

Hasta ahora, todas las aplicaciones que hemos hecho han sido aplicaciones de salida de datos, utilizando la instrucción `System.out.println()` para imprimir en la consola los valores almacenados en variables. En estas aplicaciones, la información o los datos que se encuentran dentro de nuestro programa se envían al exterior para que el usuario pueda verlos.

El flujo de este tipo de aplicaciones siempre es de adentro hacia afuera. Sin embargo, al programar en Java, en muchas ocasiones nos interesa que el flujo sea al revés, es decir, que la información externa entre en el programa. Esto nos permite interactuar con el usuario y manipular datos externos, lo cual es esencial para la creación de aplicaciones dinámicas y útiles.

Entrada de datos

En Java, existen varias formas de introducir información dentro de un programa. Aquí mencionaremos tres de las más comunes:

1. **Consola**: Utilizando la clase Scanner del paquete java.util, podemos leer la entrada del usuario desde la consola de manera sencilla y efectiva.

2. **Archivos**: Podemos leer información desde archivos externos utilizando clases del paquete java.io.

3. **Interfaz Gráfica de Usuario (GUI)**: Esta es una de las formas más utilizadas. Una GUI (Graphic User Interface) permite al usuario interactuar con la aplicación a través de ventanas, formularios, botones y otros componentes gráficos.

Como aún no estamos en disposición de crear interfaces gráficas completas, vamos a utilizar dos alternativas que sí podemos manejar con los conocimientos actuales. Ya hemos explorado la API de Java, sabemos cómo buscar clases y métodos, y esto nos permitirá utilizar la clase **Scanner** y la clase `JOptionPane` para introducir información en un programa.

Diferencias entre Scanner y JOptionPane

Clase Scanner

- **Uso**: Permite introducir información utilizando la consola del sistema.
- **Métodos Principales**:

- nextLine(): Permite introducir texto.
- nextInt(): Permite introducir números enteros.
- nextDouble(): Permite introducir números decimales.

La clase Scanner, del paquete java.util, es ideal para aplicaciones de consola donde el usuario introduce datos directamente en la línea de comandos. Aquí tienes un ejemplo básico de cómo usarla:

```java
import java.util.Scanner;

public class Main {
    public static void main(String[] args) {
        Scanner scanner = new Scanner(System.in);

        System.out.print("Introduce tu nombre: ");
        String nombre = scanner.nextLine();

        System.out.print("Introduce tu edad: ");
        int edad = scanner.nextInt();

        System.out.println("Hola, " + nombre + ".
    Tienes " + edad + " años.");
        scanner.close();
    }
}
```

Métodos de Instancia: A diferencia de los métodos estáticos, los métodos de instancia requieren que se cree un objeto de la clase para poder utilizarlos.

```java
Scanner scanner = new Scanner(System.in);
```

Crear Objetos: Aprenderemos más sobre la creación de objetos y la programación orientada a objetos en clases futuras, pero por ahora, podemos usar esta técnica para gestionar la entrada de datos en nuestros programas Java.

Clase JOptionPane

- **Uso**: Crea una mini ventana o interfaz gráfica de usuario (GUI) para que el usuario introduzca información.
- **Método Principal**:
    - showInputDialog(): Construye una mini interfaz gráfica para introducir datos.

La clase JOptionPane, del paquete javax.swing, es útil para aplicaciones que requieren una interfaz gráfica sencilla. Aquí tienes un ejemplo de cómo utilizarla:

```java
import javax.swing.JOptionPane;

public class Main {
    public static void main(String[] args) {
        String nombre =
JOptionPane.showInputDialog("Introduce tu nombre:");
        String edadStr =
JOptionPane.showInputDialog("Introduce tu edad:");
        int edad = Integer.parseInt(edadStr);

        JOptionPane.showMessageDialog(null, "Hola, "
+ nombre + ". Tienes " + edad + " años.");
    }
}
```

En el caso del método showInputDialog, como es un método estático, implica que vamos a tener que escribir el nombre de la clase seguido de un punto y el nombre del método para poder utilizarlo. Es decir, utilizamos el formato Clase.metodo. Esto significa que no necesitamos crear una instancia de

JOptionPane para utilizar este método. Simplemente escribimos:

String nombre = JOptionPane.showInputDialog("Introduce tu nombre:");

En este ejemplo:

- JOptionPane es el nombre de la clase.
- showInputDialog es el método estático que estamos llamando.

Este método crea una ventana emergente que permite al usuario introducir información. Al ser estático, siempre se llama precedido por el nombre de la clase.

Creación de un Paquete y Clase en Eclipse para Gestión de Entrada y Salida

Vamos a crear un paquete y una clase en Eclipse para gestionar la entrada y salida de datos. Sigue estos pasos:

1. Crear un Paquete

1. **Clic derecho sobre la carpeta src**:
   - Selecciona New.
   - Luego selecciona Package.
2. **Nombrar el Paquete**:
   - Usa el nombre del dominio al revés. En nuestro caso: apellido.nombre.entrada.
   - Pulsa Finish.

2. Crear una Clase dentro del Paquete

1. **Seleccionar el Paquete**:

- Haz clic derecho sobre el paquete que acabas de crear (apellido.nombre.entrada).
- Selecciona New.
- Luego selecciona Class.

2. **Nombrar la Clase**:
    - Llama a esta clase EntradaScanner.
    - Marca la opción para que Eclipse cree el método main.
    - Pulsa Finish.

Ahora ya tienes tu paquete y tu clase creados. El siguiente paso es importar la clase Scanner y utilizarla en tu programa.

3. Importar el Paquete java.util

Lo primero que debemos hacer es importar el paquete java.util para poder utilizar la clase Scanner. Esto se puede hacer manualmente o dejar que Eclipse lo haga automáticamente.

- **Manual**: En la segunda línea de código, escribe:

```
import java.util.Scanner;
```

- **Automático**: Escribe el código de la clase y deja que Eclipse sugiera las importaciones necesarias.

4. Crear un Objeto de la Clase Scanner

Para utilizar la clase Scanner, sigue estos pasos:

1. **Declarar el Objeto**:
    - Elige un nombre para el objeto. En este ejemplo, lo llamaremos entrada.

- Recuerda que el nombre del objeto debe seguir las mismas reglas de sintaxis que las variables.

2. **Crear el Objeto utilizando el Constructor**:

- Usa la palabra reservada new seguida del nombre del constructor Scanner:

```
Scanner entrada = new Scanner();
```

Resolución de Problemas

Si intentas crear un objeto Scanner sin parámetros y obtienes un error, es porque la clase Scanner no tiene un constructor sin parámetros. Todos los constructores de Scanner requieren al menos un parámetro.

Entendiendo el Problema:

```
Scanner scanner = new Scanner();
```

Este código dará un error porque Scanner no tiene un constructor sin parámetros. Según la API de Java, todos los constructores de Scanner requieren al menos un parámetro.

Solución al Problema: Para resolver este problema, debes utilizar el constructor adecuado de la clase Scanner. Por ejemplo, si deseas leer datos de la consola, puedes usar el siguiente constructor:

```
Scanner scanner = new Scanner(System.in);
```

Esto significa que estamos utilizando el flujo de entrada estándar (System.in) como fuente de datos para el Scanner.

Explicación Detallada:

- **Salida de Datos**:

```
System.out.println("Hola, mundo!");
```

Aquí, System.out es un objeto que representa la consola de salida. Usamos el método println() para imprimir datos en la consola.

- **Entrada de Datos**: De manera similar, podemos usar la consola para introducir datos. Utilizamos System.in, que es un objeto que representa la consola de entrada. Podemos pasar System.in como parámetro al constructor de Scanner para leer datos de la consola.

Hemos creado nuestro primer objeto en Java, un objeto que pertenece a la clase Scanner y que hemos llamado entrada. Este objeto escanea la consola esperando la entrada de información. Ahora que tenemos este objeto, podemos utilizar los métodos que la clase Scanner nos ofrece, como nextLine(), nextInt(), nextDouble(), etc.

Pasos para Utilizar Scanner

1. **Crear el Objeto Scanner**:

```
Scanner entrada = new Scanner(System.in);
```

Este objeto ahora está listo para escanear la consola en busca de la entrada del usuario.

2. **Imprimir un Mensaje al Usuario**:

```
System.out.println("Introduce tu nombre, por
favor:");
```

3. **Utilizar el Método nextLine()**:

- **Declarar una Variable**: Primero, declaramos una variable de tipo String para almacenar el valor introducido por el usuario.
- **Asignar el Valor**: Usamos el método nextLine() para leer la entrada y asignarla a la variable.

```
String nombre = entrada.nextLine();
```

El método nextLine() avanza el escáner hasta la próxima línea y devuelve la entrada como un String.

4. **Imprimir la Entrada del Usuario**:

```
System.out.println("Hola, " + nombre);
```

Al seguir estos pasos y ejecutar el programa, se solicitará al usuario que introduzca su nombre, y luego se imprimirá un saludo con el nombre introducido. Este proceso ilustra cómo se puede gestionar la entrada y salida de datos en Java utilizando la clase Scanner.

Gestión de Datos Numéricos en Java con la Clase Scanner

En el sencillo ejemplo anterior, trabajamos con cadenas de texto utilizando el método nextLine(). Pero, ¿qué pasa si queremos trabajar con números enteros o decimales? Imagina que queremos pedirle al usuario una serie de números para que el programa los sume. En este caso, deberíamos usar otros métodos de la clase Scanner.

Métodos para Diferentes Tipos de Datos

1. **Trabajar con Números Enteros**:

- Utiliza el método nextInt() de la clase Scanner.

- Este método lee la próxima entrada como un entero (int).

2. **Trabajar con Números Decimales**:

   - Utiliza el método nextDouble() de la clase Scanner.
   - Este método lee la próxima entrada como un número decimal (double).

Ejemplo de Código para Sumar Números Enteros

Aquí tienes un ejemplo completo de cómo podríamos pedirle al usuario que introduzca una serie de números enteros y sumarlos:

```java
package apellido.nombre.entrada;

import java.util.Scanner;

public class EntradaNumeros {
    public static void main(String[] args) {
        // Crear una instancia de la clase Scanner
        utilizando System.in como parámetro
        Scanner entrada = new Scanner(System.in);

        // Inicializar la suma
        int suma = 0;

        // Pedir al usuario que introduzca tres
        números enteros
        System.out.println("Introduce el primer
        número entero:");
        int num1 = entrada.nextInt();
        suma += num1;

        System.out.println("Introduce el segundo
        número entero:");
        int num2 = entrada.nextInt();
        suma += num2;
```

```
        System.out.println("Introduce el tercer
    número entero:");
        int num3 = entrada.nextInt();
        suma += num3;

        // Imprimir la suma de los números
        System.out.println("La suma de los números
    es: " + suma);

        // Cerrar el Scanner
        entrada.close();
    }
}
```

Gestión de Recursos con la Clase Scanner

Cuando creamos un objeto de tipo Scanner, el programa escanea lo que el usuario introduce en la consola y permanece en ese estado desde el principio del programa hasta el final del uso del Scanner. Esto significa que el objeto Scanner está continuamente a la escucha de cualquier entrada del usuario en System.in.

Consumo de Recursos

Este proceso de estar "a la escucha" consume recursos del sistema. Por este motivo, es importante liberar estos recursos una vez que terminamos de utilizar el Scanner.

Cerrando el Scanner

Para indicar al programa que ya no necesita seguir escuchando la entrada del usuario y así liberar los recursos utilizados, debemos cerrar el Scanner cuando hayamos terminado de usarlo. Esto se hace utilizando el método close().

Problema con el Orden de las Instrucciones nextLine() y nextInt()

Invertir el Orden de las Instrucciones

En el código original, primero pedimos el nombre utilizando nextLine() y luego la edad utilizando nextInt(). Vamos a invertir el orden para que primero se pida la edad y luego el nombre, sin cambiar nada más en el código.

Originalmente:

```
System.out.println("Introduce tu nombre, por
favor:");
String nombre = entrada.nextLine();
System.out.println("Introduce tu edad, por favor:");
int edad = entrada.nextInt();
```

Invertido:

```
System.out.println("Introduce tu edad, por favor:");
int edad = entrada.nextInt();
System.out.println("Introduce tu nombre, por
favor:");
String nombre = entrada.nextLine();
```

Problema Resultante

Guardamos los cambios y ejecutamos el programa. Ahora, cuando introduces la edad y pulsas Enter, el programa debería pedirte el nombre. Sin embargo, verás que el programa no te da la oportunidad de introducir el nombre. En cambio, termina su ejecución inmediatamente después de imprimir el mensaje "Introduce tu nombre, por favor:", sin esperar a que introduzcas el nombre.

Explicación del Problema

El problema ocurre porque nextInt() no consume el carácter de nueva línea (\n) que se genera al pulsar Enter. Por lo tanto, cuando nextLine() se ejecuta después de nextInt(), inmediatamente lee este carácter de nueva línea pendiente, lo que hace que el programa salte la entrada del usuario.

Solución

Para solucionar este problema, debemos consumir el carácter de nueva línea pendiente antes de llamar a nextLine() después de nextInt(). Esto se puede hacer llamando a nextLine() una vez más después de nextInt() para capturar y descartar el carácter de nueva línea.

Este ajuste asegura que el programa funcione correctamente al pedir primero la edad y luego el nombre, permitiendo una interacción adecuada con el usuario.

Código Ajustado

```
package apellido.nombre.entrada;

import java.util.Scanner;

public class EntradaScanner {
    public static void main(String[] args) {
        // Crear una instancia de la clase Scanner
    utilizando System.in como parámetro
        Scanner entrada = new Scanner(System.in);

        // Pedir y leer la edad del usuario
        System.out.println("Introduce tu edad, por
    favor:");
        int edad = entrada.nextInt();
```

```
            // Consumir el carácter de nueva línea
        pendiente
            entrada.nextLine();

            // Pedir y leer el nombre del usuario
            System.out.println("Introduce tu nombre, por
        favor:");
            String nombre = entrada.nextLine();

            // Imprimir el mensaje final
            System.out.println("Te llamas " + nombre + "
        y tienes " + edad + " años.");

            // Cerrar el Scanner para liberar recursos
            entrada.close();
        }
}
```

Entrada y salida de datos con JOptionPane

La clase JOptionPane en Java es una herramienta poderosa
para interactuar con el usuario a través de ventanas
emergentes. Permite tanto mostrar mensajes como solicitar
información. Esta clase pertenece al paquete javax.swing y
proporciona varios métodos para crear diferentes tipos de
diálogos.

Solicitar Información: showInputDialog

Uno de los métodos más utilizados de JOptionPane es
showInputDialog. Este método se utiliza para mostrar una
ventana emergente en la que el usuario puede introducir
información. Es importante notar que showInputDialog es un
método estático, lo que significa que se puede llamar
directamente utilizando el nombre de la clase sin necesidad
de crear una instancia de JOptionPane.

Al revisar la API, se puede ver que hay sobrecarga de este método, es decir, el mismo método con diferentes tipos o números de parámetros.

Sobrecarga del Método showInputDialog

Para empezar, utilizaremos la versión más sencilla, que recibe un único argumento de tipo Object. Este argumento se usa para mostrar un mensaje en la ventana emergente. Es importante saber que este método siempre devuelve un String.

Ejemplo de Solicitud de Información

Crea una clase nueva y escribe la siguiente clase:

```
import javax.swing.JOptionPane;

public class EjemploJOptionPane {
    public static void main(String[] args) {
        // Solicita al usuario que introduzca su
nombre
        String nombre =
JOptionPane.showInputDialog("¿Cuál es tu nombre?");

        // Imprime en consola el saludo con el nombre
introducido
        System.out.println("Tu nombre es: " +
nombre);
    }
}
```

Al ejecutar el programa, verás una pequeña ventana en la que el usuario podrá introducir datos.

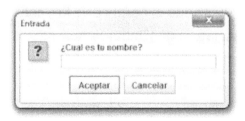

Conversión de Tipos de Datos

Si queremos pedir la edad, podemos crear una variable de tipo entero llamada edad y asignarle el valor de JOptionPane.showInputDialog("Introduce tu edad, por favor."). Sin embargo, esto generará un error en Eclipse porque showInputDialog devuelve un String, y no se puede almacenar un String en una variable de tipo entero. La solución es utilizar la clase Integer y su método **parseInt**, que convierte una cadena de caracteres a un número entero, permitiéndonos convertir el String devuelto por showInputDialog a un entero.

```
int edad =
Integer.parseInt(JOptionPane.showInputDialog("Introdu
ce tu edad, por favor."));
```

Mostrar Mensajes: showMessageDialog

JOptionPane.showMessageDialog es un método estático que muestra un cuadro de diálogo con un mensaje. Este mensaje puede ser un simple texto informativo, un aviso, un mensaje de error, etc. Es una forma fácil y rápida de comunicar información al usuario sin necesidad de crear una interfaz gráfica completa.

Sintaxis Básica

La sintaxis básica de showMessageDialog es:

JOptionPane.showMessageDialog(component, message);

- **component**: El primer parámetro es el componente padre del cuadro de diálogo. Este componente determina la posición del cuadro de diálogo en la pantalla. Si no tienes un componente padre, puedes usar null.
- **message**: El segundo parámetro es el mensaje que deseas mostrar. Puede ser una cadena de texto (String), un número, un objeto, etc.

```
JOptionPane.showMessageDialog(null, "Hola, Mundo!");
```

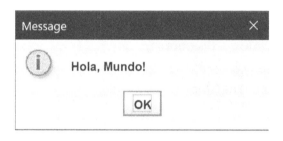

Ejercicios Scanner y JoptionPane

Ejercicio 1: Calculadora de Suma

Descripción: Escribe un programa que solicite al usuario dos números enteros y luego muestre la suma de ambos números.

Instrucciones:

1. Usa la clase Scanner para leer dos números enteros introducidos por el usuario.

2. Calcula la suma de los dos números.
3. Muestra el resultado de la suma en la consola.

Ejercicio 2: Contador de Letras

Descripción: Escribe un programa que solicite al usuario una frase y luego cuente y muestre el número total de letras en la frase, ignorando los espacios.

Instrucciones:

1. Usa la clase Scanner para leer una frase introducida por el usuario.
2. Cuenta el número de letras en la frase, ignorando los espacios.
3. Muestra el resultado en la consola.

Ejercicio 3: Calculadora de Producto

Descripción: Escribe un programa que solicite al usuario dos números enteros y luego muestre el producto de ambos números.

Instrucciones:

1. Usa JOptionPane para leer dos números enteros introducidos por el usuario.
2. Calcula el producto de los dos números.
3. Muestra el resultado del producto en una ventana emergente.

Ejercicio 4: Calculadora de Promedio

Descripción: Escribe un programa que solicite al usuario tres números y luego calcule y muestre el promedio de esos números.

Instrucciones:

1. Usa JOptionPane para leer tres números introducidos por el usuario.
2. Calcula el promedio de los tres números.
3. Muestra el resultado del promedio en una ventana emergente.

Soluciones

Ejercicio 1: Calculadora de Suma

```
import java.util.Scanner;

public class CalculadoraSuma {
    public static void main(String[] args) {
        Scanner scanner = new Scanner(System.in);

        System.out.print("Introduce el primer número:
");
        int numero1 = scanner.nextInt();

        System.out.print("Introduce el segundo
        número: ");
```

```java
        int numero2 = scanner.nextInt();

        int suma = numero1 + numero2;

        System.out.println("La suma de " + numero1 +
    " y " + numero2 + " es: " + suma);

        scanner.close();
    }
}
```

Ejercicio 2: Contador de Letras

```java
import java.util.Scanner;

public class ContadorDeLetras {
    public static void main(String[] args) {
        Scanner scanner = new Scanner(System.in);

        System.out.print("Introduce una frase: ");
        String frase = scanner.nextLine();

        // Eliminar los espacios y contar las letras
        String fraseSinEspacios = frase.replace(" ", "");
        int numeroDeLetras = fraseSinEspacios.length();

        System.out.println("El número de letras en la frase es: " +
numeroDeLetras);
```

```java
        scanner.close();
    }
}
```

Ejercicio 3: Calculadora de Producto

```java
import javax.swing.JOptionPane;

public class CalculadoraProducto {
    public static void main(String[] args) {
        // Solicita al usuario que introduzca el
primer número
        int numero1 =
Integer.parseInt(JOptionPane.showInputDialog("In
troduce el primer número:"));

        // Solicita al usuario que introduzca el
segundo número
        int numero2 =
Integer.parseInt(JOptionPane.showInputDialog("In
troduce el segundo número:"));

        // Calcula el producto de los dos
números
        int producto = numero1 * numero2;

        // Muestra el resultado del producto
```

```java
        JOptionPane.showMessageDialog(null, "El
producto de " + numero1 + " y " + numero2 + "
es: " + producto);
    }
}
```

Ejercicio 4: Calculadora de Promedio

```java
import javax.swing.JOptionPane;

public class CalculadoraProducto {
    public static void main(String[] args) {
        // Solicita al usuario que introduzca el
primer número
        int numero1 =
Integer.parseInt(JOptionPane.showInputDialog("In
troduce el primer número:"));

        // Solicita al usuario que introduzca el
segundo número
        int numero2 =
Integer.parseInt(JOptionPane.showInputDialog("In
troduce el segundo número:"));

        // Calcula el producto de los dos
números
        int producto = numero1 * numero2;

        // Muestra el resultado del producto
```

```
        JOptionPane.showMessageDialog(null, "El
producto de " + numero1 + " y " + numero2 + "
es: " + producto);
    }
}
```

13. Estructuras de control de flujo

Vamos a abordar un tema fundamental en el aprendizaje de cualquier lenguaje de programación: las estructuras de control de flujo. Estas estructuras se dividen en dos grandes grupos: **los condicionales y los bucles**. Antes de explicar cómo funcionan un condicional y un bucle en Java, es importante recordar el concepto de flujo de ejecución.

Flujo de Ejecución en Java

Una aplicación Java comienza su ejecución por el método main, ejecutando las instrucciones línea a línea de arriba hacia abajo. Este es el flujo de ejecución normal de un programa.

Modificación del Flujo de Ejecución

Las estructuras de control de flujo permiten modificar este flujo de ejecución normal. Por ejemplo, podríamos hacer que el programa comience en la tercera línea de código en lugar de la primera, luego vuelva a la primera, pase a la segunda, y así sucesivamente.

Tipos de Estructuras de Control de Flujo

- **Condicionales**: Modifican el flujo de ejecución dando saltos en función de condiciones específicas. Ejemplos incluyen if, else if, y else.
- **Bucles**: Modifican el flujo de ejecución repitiendo una o varias líneas de código. Ejemplos incluyen for, while, y do-while.

Importancia de las Estructuras de Control de Flujo

El uso de estructuras de control de flujo en un programa Java permite dotarlo de cierta inteligencia, haciendo que parezca que el programa toma decisiones por iniciativa propia. Esto es esencial para cualquier aplicación compleja.

Condicional if else

Los condicionales son estructuras de control de flujo que permiten ejecutar diferentes bloques de código en función de si se cumplen o no ciertas condiciones. En Java, los condicionales más comunes son if, else if, y else.

Sintaxis Básica de if

El condicional if evalúa una expresión booleana. Si la expresión es true, se ejecuta el bloque de código asociado; si es false, se ignora el bloque de código.

```
if (condición) {
    // Bloque de código a ejecutar si la condición es
verdadera
}
```

Ejemplo de if

```
int edad = 18;
if (edad >= 18) {
    System.out.println("Eres mayor de edad.");
}
```

En este ejemplo, si la variable edad es mayor o igual a 18, se imprime "Eres mayor de edad."

Sintaxis de if-else

El condicional if-else permite ejecutar un bloque de código si la condición es true y otro bloque diferente si la condición es false.

```
if (condición) {
    // Bloque de código a ejecutar si la condición es verdadera
} else {
    // Bloque de código a ejecutar si la condición es falsa
}
```

Ejemplo de if-else

```
int edad = 16;
if (edad >= 18) {
    System.out.println("Eres mayor de edad.");
} else {
    System.out.println("Eres menor de edad.");
}
```

En este ejemplo, si edad es menor de 18, se imprime "Eres menor de edad."

Sintaxis de if-else if-else

Cuando necesitas evaluar múltiples condiciones, puedes usar if, else if, y else.

```
if (condición1) {
    // Bloque de código a ejecutar si la condición1
es verdadera
} else if (condición2) {
    // Bloque de código a ejecutar si la condición2
es verdadera
} else {
    // Bloque de código a ejecutar si ninguna de las
condiciones anteriores es verdadera
}
```

Ejemplo de if-else if-else

```
int nota = 85;
if (nota >= 90) {
    System.out.println("Excelente");
} else if (nota >= 75) {
    System.out.println("Bueno");
} else if (nota >= 60) {
    System.out.println("Aprobado");
} else {
    System.out.println("Reprobado");
}
```

En este ejemplo:

- Si nota es 90 o más, se imprime "Excelente".
- Si nota es entre 75 y 89, se imprime "Bueno".
- Si nota es entre 60 y 74, se imprime "Aprobado".
- Si nota es menos de 60, se imprime "Reprobado".

Operador Ternario

Además de las estructuras condicionales if-else, Java proporciona una tercera estructura condicional muy útil para evaluar condiciones sencillas: el operador ternario. El operador ternario permite evaluar una condición y retornaruno de dos valores posibles según el resultado de la condición.

La sintaxis básica del operador ternario es:

```
condición ? valor_si_true : valor_si_false;
```

- **condición**: Una expresión booleana que se evalúa.
- **valor_si_true**: El valor que se retorna si la condición es verdadera.
- **valor_si_false**: El valor que se retorna si la condición es falsa.

Ejemplo del Operador Ternario

Imaginemos que queremos asignar un mensaje dependiendo de si una persona es mayor de edad:

```
int edad = 20;
String mensaje = (edad >= 18) ? "Eres mayor de edad."
: "Eres menor de edad.";
System.out.println(mensaje);
```

En este ejemplo:

- La condición edad >= 18 se evalúa.
- Si la condición es verdadera, mensaje se asigna a "Eres mayor de edad."
- Si la condición es falsa, mensaje se asigna a "Eres menor de edad."

Ventajas del Operador Ternario

- **Concisión**: Permite escribir una estructura condicional en una sola línea, lo que puede hacer el código más limpio y legible en situaciones simples.

- **Simplicidad**: Es útil para condiciones sencillas y asignaciones directas.

Condicional switch

El condicional switch en Java es una estructura de control de flujo que se utiliza para seleccionar una de varias ramas de ejecución posibles en función del valor de una expresión. Es especialmente útil cuando se necesita comparar el mismo valor con diferentes constantes.

Sintaxis del switch

La sintaxis básica del switch es la siguiente:

```
switch (expresión) {
    case valor1:
        // Bloque de código si expresión == valor1
        break;
    case valor2:
        // Bloque de código si expresión == valor2
        break;
    // Otros casos...
    default:
        // Bloque de código si ningún caso coincide
        break;
}
```

- **expresión**: La expresión que se evalúa y se compara con los valores de los casos. Debe ser de un tipo compatible, como int, char, String (a partir de Java 7), etc.
- **case valor**: Cada case compara la expresión con un valor constante. Si coinciden, se ejecuta el bloque de código asociado.

- **break**: Se utiliza para salir del switch después de ejecutar un bloque de código. Si se omite, la ejecución continuará en el siguiente case (esto se llama "fall-through" y consume recursos).
- **default**: (Opcional) Bloque de código que se ejecuta si ninguno de los casos coincide con la expresión. No necesita break porque es el último bloque.

Ejemplo de switch

Imaginemos que queremos imprimir el nombre de un día de la semana basado en un número del 1 al 7:

```
int dia = 3;
String nombreDia;

switch (dia) {
    case 1:
        nombreDia = "Lunes";
        break;
    case 2:
        nombreDia = "Martes";
        break;
    case 3:
        nombreDia = "Miércoles";
        break;
    case 4:
        nombreDia = "Jueves";
        break;
    case 5:
        nombreDia = "Viernes";
        break;
    case 6:
        nombreDia = "Sábado";
        break;
    case 7:
        nombreDia = "Domingo";
        break;
    default:
        nombreDia = "Día inválido";
```

```
        break;
}
System.out.println("El día es: " + nombreDia);
```

En este ejemplo:

- La expresión dia se compara con los valores de cada case.
- Si dia es 3, se ejecuta el bloque de código en case 3, asignando "Miércoles" a nombreDia.
- Si dia no coincide con ninguno de los casos, se ejecuta el bloque default, asignando "Día inválido" a nombreDia.

Ventajas del switch

- **Legibilidad**: Hace el código más legible y fácil de seguir cuando se comparan múltiples valores de una misma expresión.
- **Organización**: Agrupa todas las posibles ramas de ejecución en una estructura clara y ordenada.
- **Rendimiento**: Puede ser más eficiente que múltiples sentencias if-else en ciertos casos, especialmente cuando se trata de un gran número de comparaciones.

¿Cuándo utilizar un condicional if y cuándo utilizar un condicional switch?

Los condicionales if son más versátiles que los switch porque pueden evaluar expresiones booleanas complejas, incluyendo comparaciones y combinaciones lógicas. Se usan cuando las condiciones a evaluar no se limitan a la igualdad. En cambio, los switch son ideales para comparar una sola variable contra múltiples valores constantes, ofreciendo una sintaxis más simple y clara en estos casos. Aunque cualquier cosa que se puede hacer con un switch también se puede hacer con un if, el switch es preferible cuando se trata de evaluar múltiples condiciones en cadena para mejorar la legibilidad y mantenimiento del código.

Importancia de los Condicionales

Los condicionales permiten que un programa tome decisiones y ejecute diferentes bloques de código basándose en condiciones específicas. Esto añade lógica y flexibilidad al programa, permitiendo que se adapte a diversas situaciones y datos de entrada.

Construcción de Condiciones

Para construir condiciones en Java, se utilizan operadores relacionales para comparar valores y operadores lógicos para combinar estas comparaciones. Estos operadores son esenciales para crear expresiones condicionales que controlen el flujo de ejecución en un programa. Con el uso adecuado de estos operadores, podemos desarrollar aplicaciones que tomen decisiones complejas y se comporten de manera inteligente.

Operadores Relacionales (de Comparación)

Los operadores relacionales se utilizan para comparar dos valores. El resultado de una comparación es un valor booleano (true o false). Los operadores relacionales en Java son:

- **==**: Igual a
- **!=**: Distinto de
- **>**: Mayor que
- **>=**: Mayor o igual que
- **<**: Menor que
- **<=**: Menor o igual que

Operadores Lógicos

Los operadores lógicos se utilizan para combinar múltiples expresiones booleanas. Los operadores lógicos en Java son:

- **&&**: AND lógico (y lógico)
- **||**: OR lógico (o lógico)
- **!**: NOT lógico (no lógico)

Vamos a practicar.

Crea un Paquete

1. **En el Explorador de Proyectos**, haz clic derecho en la carpeta src (o la carpeta donde se almacenan los archivos fuente) de tu proyecto.
2. **Selecciona** New > Package.
3. **Introduce el nombre del paquete**: apellido.nombre.controlflujo (sustituye apellido y nombre por tu apellido y nombre real).
4. **Haz clic en Finish.**

Crea la Clase CondicionalIf

1. **Haz clic derecho en el paquete** apellido.nombre.controlflujo que acabas de crear.
2. **Selecciona** New > Class.
3. **Introduce el nombre de la clase**: CondicionalIf.
4. **Asegúrate de que la opción public static void main(String[] args) esté marcada** si deseas incluir el método principal.
5. **Haz clic en Finish**.

Escribe, guarda y ejecuta los siguientes ejemplos.

&&: AND Lógico (y lógico)

- **Descripción:** El operador && (AND lógico) evalúa dos expresiones booleanas y devuelve true solo si ambas expresiones son verdaderas. Si una de las expresiones es falsa, el resultado será false.
- **Uso Típico:** Se utiliza para combinar condiciones que deben cumplirse simultáneamente.
- **Ejemplo:**

```
int edad = 25;
int experiencia = 3;

if (edad >= 18 && experiencia >= 2) {
    System.out.println("Eres elegible para el
trabajo.");
} else {
    System.out.println("No eres elegible para el
trabajo.");
}
```

En este ejemplo, la persona es elegible para el trabajo solo si tiene al menos 18 años y al menos 2 años de experiencia.

||: OR Lógico (o lógico)

- **Descripción:** El operador || (OR lógico) evalúa dos expresiones booleanas y devuelve true si al menos una de las expresiones es verdadera. Solo devuelve false si ambas expresiones son falsas.
- **Uso Típico:** Se utiliza para combinar condiciones donde al menos una debe ser verdadera.
- **Ejemplo:**

```
int edad = 16;
int experiencia = 4;

if (edad >= 18 || experiencia >= 2) {
    System.out.println("Eres elegible para el
trabajo.");
} else {
    System.out.println("No eres elegible para el
trabajo.");
}
```

En este ejemplo, la persona es elegible para el trabajo si tiene al menos 18 años o si tiene al menos 2 años de experiencia.

!: NOT Lógico (no lógico)

- **Descripción:** El operador ! (NOT lógico) invierte el valor de una expresión booleana. Si la expresión es true, ! la convierte en false, y viceversa.
- **Uso Típico:** Se utiliza para negar una condición.
- **Ejemplo:**

```
boolean tieneLicencia = false;

if (!tieneLicencia) {
    System.out.println("No tienes licencia.");
} else {
    System.out.println("Tienes licencia.");
```

```
}
```

En este ejemplo, el mensaje "No tienes licencia." se imprime porque tieneLicencia es false, y !tieneLicencia es true.

Operadores Lógicos de Un Único Símbolo (|, &)

- **Evaluación Completa:** Los operadores | y & evalúan todas las condiciones, independientemente de los valores de las condiciones anteriores.
  - **| (OR lógico):** Evalúa todas las condiciones y devuelve true si al menos una condición es true.
  - **& (AND lógico):** Evalúa todas las condiciones y devuelve true solo si todas las condiciones son true.
- **Uso:** Principalmente utilizados en operaciones bit a bit y no en evaluaciones lógicas comunes.

Condicionales Anidados

Los condicionales anidados consisten en colocar un bloque if dentro de otro bloque if. Esto permite evaluar una segunda condición solo si la primera condición se cumple. Es útil en situaciones donde hay múltiples niveles de verificación.

Supongamos que queremos verificar si una persona puede acceder a un sistema basado en dos condiciones: la persona debe ser mayor de edad (18 años o más) y debe tener una contraseña correcta.

```
import javax.swing.JOptionPane;
```

```java
public class CondicionalIfAnidado {
    public static void main(String[] args) {

        // Solicitar edad y contraseña de la persona
        int edad =
Integer.parseInt(JOptionPane.showInputDialog("Introdu
ce tu edad:"));
        String contrasena =
JOptionPane.showInputDialog("Introduce tu
contraseña:");

        // Evaluar si la persona es mayor de edad
        if (edad >= 18) {
            // Evaluar si la contraseña es correcta
            if (contrasena.equals("1234")) {
                JOptionPane.showMessageDialog(null,
"Acceso concedido.");
            } else {
                JOptionPane.showMessageDialog(null,
Contraseña incorrecta. Acceso denegado.");
            }
        } else {
            JOptionPane.showMessageDialog(null,
"Debes ser mayor de 18 años para acceder.");
        }
    }
}
```

Si la condición de edad se cumple, entonces evaluamos si la contraseña es correcta. Si la contraseña es "1234", se concede el acceso. De lo contrario, se deniega el acceso debido a una contraseña incorrecta.

Simplificación de Condicionales `if` con una Sola Línea

Cuando un bloque if contiene solo una línea de código, se pueden omitir las llaves {} para simplificar el código. Esto significa que la instrucción sigue inmediatamente al if en la misma línea o en la siguiente línea. Aunque el código seguirá funcionando correctamente, esta práctica se debe usar con cuidado para mantener la legibilidad y evitar errores en bloques más complejos.

Ejemplo:

Con llaves:

```
if (edad >= 18) {
    JOptionPane.showMessageDialog(null, "Eres mayor
de edad.");
}
```

Sin llaves:

```
if (edad >= 18) JOptionPane.showMessageDialog(null,
"Eres mayor de edad.");
```

Ejercicios condicionales

Ejercicio 1: Verificación de Acceso a una Aplicación

Escribe un programa que solicite al usuario su nombre de usuario y contraseña. El programa debe verificar si el nombre de usuario es "admin" y la contraseña es "1234". Si ambas condiciones son verdaderas, el programa debe imprimir "Acceso concedido". Si alguna de las condiciones no se cumple, el programa debe imprimir "Acceso denegado".

Ejercicio 2: Evaluación de Elegibilidad para una Promoción

Escribe un programa que solicite al usuario su edad y su experiencia laboral en años. El programa debe verificar si la persona tiene al menos 25 años o si tiene al menos 5 años de experiencia laboral. Si cualquiera de las dos condiciones es verdadera, el programa debe imprimir "Eres elegible para la promoción". Si ninguna de las dos condiciones se cumple, el programa debe imprimir "No eres elegible para la promoción".

Soluciones:

Ejercicio 1: Verificación de Acceso a una Aplicación

```
import javax.swing.JOptionPane;


public class VerificacionAcceso {
    public static void main(String[] args) {
        String usuario = JOptionPane.showInputDialog("Introduce tu nombre de usuario:");
        String contrasena = JOptionPane.showInputDialog("Introduce tu contraseña:");
        if (usuario.equals("admin") && contrasena.equals("1234")) {
            JOptionPane.showMessageDialog(null, "Acceso concedido.");
        } else {
            JOptionPane.showMessageDialog(null, "Acceso denegado.");
```

```
    }
  }
}
```

Ejercicio 2: Evaluación de Elegibilidad para una Promoción

```java
import javax.swing.JOptionPane;


public class EvaluacionPromocion {

  public static void main(String[] args) {

    int edad =
Integer.parseInt(JOptionPane.showInputDialog("Introduce tu
edad:"));

    int experiencia =
Integer.parseInt(JOptionPane.showInputDialog("Introduce tus
años de experiencia laboral:"));

    if (edad >= 25 || experiencia >= 5) {

      JOptionPane.showMessageDialog(null, "Eres elegible
para la promoción.");

    } else {

      JOptionPane.showMessageDialog(null, "No eres
elegible para la promoción.");

    }
```

```
    }

}
```

Bucles

Continuamos con el estudio de las estructuras de control de flujo, pero ahora entraremos en los bucles. Veremos su utilidad, para qué sirven y cuál es su sintaxis. En programación, tanto en Java como en otros lenguajes, a menudo surge la necesidad de repetir una serie de líneas de código durante la ejecución del programa. Los bucles permiten repetir estas líneas de código un número determinado o indeterminado de veces, basándose en una condición. Esto implica construir condiciones y utilizar operadores relacionales como mayor que, menor que, negación, etc.

Al igual que con los condicionales, donde podemos anidar uno dentro de otro, con los bucles también es posible anidarlos, es decir, insertar un bucle dentro de otro. Además, podemos combinar condicionales y bucles, colocando un condicional dentro de un bucle o viceversa. En la mayoría de las aplicaciones medianamente complejas en Java, será necesario combinar condicionales y bucles.

Tipos de Bucles en Java

En Java, los bucles se pueden dividir en dos categorías: bucles indeterminados y bucles determinados. Esta clasificación es común en muchos lenguajes de programación.

Bucles Indeterminados

Los bucles indeterminados son aquellos en los que, antes de ejecutar el programa (a priori), no se sabe cuántas veces se repetirá el código en su interior. Esto significa que el número de iteraciones depende de una condición que se evalúa durante la ejecución del programa.

- **while**: Repite el bloque de código mientras la condición sea verdadera.
- **do-while**: Similar al while, pero garantiza que el bloque de código se ejecute al menos una vez, ya que la condición se evalúa después de la primera ejecución del bloque.

Bucles Determinados

Los bucles determinados son aquellos en los que, antes de ejecutar el programa (a priori), se sabe exactamente cuántas veces se ejecutará el código en su interior.

- **for**: Se utiliza cuando se sabe de antemano el número de iteraciones que se van a realizar. Es comúnmente usado para iterar sobre rangos numéricos.
- **for-each**: Conocido en Java como "enhanced for loop". Aunque en Java la sintaxis no incluye la palabra reservada each, se le denomina así porque itera sobre cada elemento de una colección o arreglo.

Ejemplo de Bucles en Java

Bucle while (Indeterminado)

```
int contador = 0;
```

```
while (contador < 5) {
    System.out.println("Contador: " + contador);
    contador++;
}
```

Explicación:

1. **Inicialización:** Se inicializa la variable contador con 0.

2. **Condición:** El bucle while verifica la condición contador < 5. Si la condición es verdadera, se ejecuta el bloque de código dentro del bucle.

3. **Ejecución:** Imprime el valor de contador.

4. **Incremento:** Se incrementa contador en 1.

5. **Repetición:** El proceso se repite hasta que contador ya no sea menor que 5.

Resultado:

Contador: 0
Contador: 1
Contador: 2
Contador: 3
Contador: 4

Bucle do-while (Indeterminado)

```
int contador = 0;
do {
    System.out.println("Contador: " + contador);
    contador++;
} while (contador < 5);
```

Explicación:

1. **Inicialización:** Se inicializa la variable contador con 0.

2. **Ejecución Inicial:** Imprime el valor de contador.

3. **Incremento:** Se incrementa contador en 1.

4. **Condición:** Después de ejecutar el bloque, el bucle do-while verifica la condición contador < 5. Si la condición es verdadera, el bucle se repite.

5. **Repetición:** El proceso se repite hasta que contador ya no sea menor que 5.

Resultado:

Contador: 0
Contador: 1
Contador: 2
Contador: 3
Contador: 4

Bucle for (Determinado)

```
for (int i = 0; i < 5; i++) {
    System.out.println("i: " + i);
}
```

Explicación:

1. **Inicialización:** Se inicializa la variable i con 0.

2. **Condición:** El bucle for verifica la condición i < 5. Si la condición es verdadera, se ejecuta el bloque de código dentro del bucle.

3. **Ejecución:** Imprime el valor de i.

4. **Incremento:** Se incrementa i en 1.

5. **Repetición:** El proceso se repite hasta que i ya no sea menor que 5.

Resultado:

i: 0
i: 1
i: 2
i: 3
i: 4

Bucle for-each (Determinado)

```java
int[] numeros = {1, 2, 3, 4, 5};
for (int numero : numeros) {
    System.out.println("Número: " + numero);
}
```

Explicación:

1. **Arreglo:** Se define un arreglo o lista numeros con los valores {1, 2, 3, 4, 5}.

2. **Iteración:** El bucle for-each recorre cada elemento del arreglo numeros.

3. **Ejecución:** En cada iteración, se imprime el valor del elemento actual numero.

Resultado:

Número: 1
Número: 2
Número: 3

Número: 4
Número: 5

Nota: En Java, el bucle for-each no utiliza la palabra reservada each en su sintaxis, a diferencia de otros lenguajes de programación como Visual Basic. En Java, simplemente se llama "enhanced for loop" y se utiliza para iterar sobre colecciones o arreglos.

Instrucción break en bucles

Habrá ocasiones en las que necesites salir de un bucle sin terminar de ejecutarlo por completo. Para ello, debes incluir la instrucción `break`. Esta instrucción se debe introducir dentro de un condicional, lo cual es perfectamente posible. De hecho, puedes anidar condicionales dentro de bucles y viceversa. Las estructuras de control de flujo, como bucles y condicionales, se pueden combinar de diversas maneras. Por ejemplo, si quieres salir del bucle en la cuarta ejecución, podrías construir un condicional que diga `if (i == 4) break;`.

Ejercicio Adivinar el Número Aleatorio

Escribe un programa en Java que genere un número aleatorio entre 1 y 100 y lo guarde en una variable. El programa debe pedir al usuario que introduzca un número entre 1 y 100. Si el número introducido por el usuario es mayor que el número generado, debe mostrar un mensaje indicando "el n° es menor". Si el número introducido por el usuario es menor, debe mostrar un mensaje indicando "el n° es mayor". El proceso se repetirá hasta que el usuario adivine el número generado. Al final, debe mostrar un mensaje indicando "Correcto" y el número de intentos consumidos.

Pistas

Generar Número Aleatorio:

- Utiliza Math.random() para generar un número aleatorio entre 1 y 100 y guárdalo en una variable.

Inicialización de Variables:

- Declara una variable para almacenar el número de intentos e inicialízala con 0.

- Declara una variable para almacenar el número introducido por el usuario.

Bucle while:

- Crea un bucle while que se ejecute indefinidamente hasta que el usuario adivine el número.

Solicitar Número al Usuario:

- Dentro del bucle, solicita al usuario que introduzca un número entre 1 y 100 utilizando JoptionPane.showInputDialog.

Comparar Números:

- Compara el número introducido con el número aleatorio generado y muestra el mensaje correspondiente ("el nº es menor" o "el nº es mayor").

Incrementar Intentos:

- Incrementa la variable de intentos en 1 después de cada intento.

Finalizar el Programa:

- Cuando el usuario adivine el número, muestra un mensaje indicando "Correcto" y el número de intentos consumidos, luego rompe el bucle.

Solución:

```java
import javax.swing.JOptionPane;
public class EjercicioAdivinarNumero {
  public static void main(String[] args) {
    // Paso 1: Generar un número aleatorio entre 1 y 100
    int numeroAleatorio = (int) (Math.random() * 100) + 1;

    // Paso 2: Inicializar variables
    int numeroIntroducido = 0;
    int intentos = 0;

    // Paso 3: Crear un bucle while que se ejecute
indefinidamente hasta que el usuario adivine el número
    while (numeroIntroducido != numeroAleatorio) {
      // Paso 4: Solicitar al usuario que introduzca un número
entre 1 y 100
      numeroIntroducido =
Integer.parseInt(JOptionPane.showInputDialog("Introduce un
número entre 1 y 100:"));
```

```java
        intentos++;

        // Paso 5: Comparar el número introducido con el
número aleatorio
        if (numeroIntroducido > numeroAleatorio) {
            System.out.println("El número es menor.");
        } else if (numeroIntroducido < numeroAleatorio) {
            System.out.println("El número es mayor.");
        } else {
            System.out.println("Correcto. Número de intentos: "
+ intentos);
        }
    }
  }
}
```

Salida en consola

Introduce un número entre 1 y 100: 50

El número es menor.

Introduce un número entre 1 y 100: 25

El número es mayor.

Introduce un número entre 1 y 100: 37

Correcto. Número de intentos: 3

Ejercicio Dirección de Email Válida

Escribe un programa en Java que pida al usuario introducir su dirección de email utilizando JOptionPane. El programa debe verificar si la dirección de email es válida basándose en los siguientes requisitos:

- Debe tener una @.

- No debe tener más de una @.

- Debe tener un punto (.).

- Debe tener al menos 4 caracteres.

El programa debe seguir pidiendo al usuario que introduzca su dirección de email hasta que se cumplan todos los requisitos.

Pistas

Solicitar Dirección de Email:

- Utiliza JOptionPane.showInputDialog para solicitar al usuario que introduzca su dirección de email.

Inicialización y Validación:

- Declara una variable para almacenar la dirección de email.

- Crea un bucle while que se ejecute indefinidamente hasta que la dirección de email sea válida.

Condiciones de Validación:

- Verifica si la dirección de email contiene una @.

- Verifica que no contenga más de una @.

- Verifica si contiene un punto (.).

- Verifica que tenga al menos 4 caracteres.

Mensaje de Error:

- Si la dirección de email no es válida, muestra un mensaje de error y solicita al usuario que lo intente de nuevo.

Solución

```java
import javax.swing.JOptionPane;

public class EjercicioEmailValido {
    public static void main(String[] args) {
        String email = "";
        boolean emailValido = false;

        while (!emailValido) {
            email =
JOptionPane.showInputDialog("Introduce tu dirección
de email:");

            // Validar email
            if (email.length() >= 4 &&
email.indexOf('@') == email.lastIndexOf('@') &&
email.contains("@") && email.contains(".")) {
                emailValido = true;
            } else {
                JOptionPane.showMessageDialog(null,
"Dirección de email no válida. Inténtalo de nuevo.");
            }
        }

        JOptionPane.showMessageDialog(null,
"Dirección de email válida: " + email);
    }
}
```

Ejercicio Número Factorial

Escribe un programa en Java que pida al usuario un número utilizando JOptionPane y calcule el factorial de ese número. El factorial de un número es el resultado de multiplicar ese número por todos los números que le preceden hasta llegar a 1. Por ejemplo, el factorial de 5 es igual a 5x4x3x2x1, es decir, 120.

Pistas

Solicitar el Número:

- Utiliza JOptionPane.showInputDialog para solicitar al usuario que introduzca un número entero positivo.

Inicialización de Variables:

- Declara una variable para almacenar el número introducido.

- Declara una variable para almacenar el resultado del factorial e inicialízala con 1.

Bucle for:

- Usa un bucle for para multiplicar conel operado *= los números desde 1 hasta el número introducido por el usuario.

Mostrar el Resultado:

- Después del bucle, muestra el resultado del factorial utilizando JOptionPane.showMessageDialog.

Solución

```
import javax.swing.JOptionPane;
```

```
public class EjercicioFactorial {
    public static void main(String[] args) {
        int numero =
Integer.parseInt(JOptionPane.showInputDialog("Introdu
ce un número entero positivo:"));
        int factorial = 1;

        // Calcular el factorial usando un bucle for
        for (int i = 1; i <= numero; i++) {
            factorial *= i;
        }

        // Mostrar el resultado
        JOptionPane.showMessageDialog(null, "El
factorial de " + numero + " es: " + factorial);
    }
}
```

14. Arrays

Un array es una estructura de datos que permite almacenar múltiples valores del mismo tipo en una secuencia. Si pensamos en una variable como un cajón que contiene un solo valor, un array sería un clasificador que contiene varios cajones, cada uno con su propio valor. Esto nos permite almacenar información similar de manera organizada y eficiente.

En Java, un array debe contener valores del mismo tipo. No se pueden mezclar diferentes tipos de valores en un mismo array. Para almacenar valores de diferentes tipos, existen otras estructuras de datos como ArrayList y colecciones, que se cubrirán más adelante en el libro.

¿Para qué sirven estas estructuras?

Los arrays se utilizan para almacenar valores u objetos que normalmente tienen alguna relación entre sí. Debido a esta relación, es probable que necesites manipular estos valores en grupo como si fueran una única unidad.

Sintaxis de un array en Java

Para declarar un array en Java, se sigue una estructura específica. Veamos un ejemplo paso a paso:

1. **Especificar el tipo de dato**: Primero se especifica el tipo de dato que el array va a almacenar, similar a la declaración de una variable.

2. **Corchetes**: A continuación, se colocan unos corchetes [] que indican que se trata de un array.

3. **Nombre del array**: Luego se elige un nombre para el array, siguiendo las mismas reglas que para nombrar una variable.

4. **Inicialización del array**:

   • Se utiliza el operador = seguido de la palabra reservada new.

   • Nuevamente, se especifica el tipo de dato que almacenará el array.

   • Finalmente, se indican entre corchetes el número de elementos que almacenará el array.

Ejemplo de declaración de un array de enteros

```
int[] miArray = new int[10];
```

En este ejemplo:

- int es el tipo de dato.
- [] indica que se trata de un array.
- miArray es el nombre del array.
- new int[10] crea un nuevo array de tipo int con capacidad para almacenar 10 elementos.

Este array llamado miArray puede ahora almacenar 10 valores de tipo int en su interior.

Ejemplo de inicialización y uso de un array

Después de declarar un array, puedes asignar valores a cada posición del array:

```
miArray[0] = 5;
miArray[1] = 10;
miArray[2] = 15;
// y así sucesivamente hasta miArray[9]
```

Y para acceder a estos valores, simplemente se usa el índice correspondiente:

```
int primerValor = miArray[0]; // 5
int segundoValor = miArray[1]; // 10
```

La primera posición de un array es 0.

Otra forma de rellenar un array en Java

Además de inicializar un array y luego asignar valores a cada posición individualmente, también podemos rellenar un array de forma más compacta utilizando la inicialización en línea. A continuación, se muestran algunos métodos alternativos para rellenar un array.

Inicialización en Línea

Podemos inicializar y rellenar un array al mismo tiempo utilizando llaves {}.

```java
int[] miArray = {1, 2, 3, 4, 5};
```

El bucle for es ideal para rellenar y para leer los datos de un array.

```java
int[] miArray = new int[10];
for (int i = 0; i < miArray.length; i++) {
    miArray[i] = i * 2; // Asignar a cada posición el doble de su índice
}
```

En Java, `length` es una **propiedad** que pertenece al objeto array y hace referencia a la longitud total del arreglo, permitiendo al código realizar operaciones basadas en esta longitud sin necesidad de paréntesis (por ejemplo, `miArray.length`). En contraste, en la clase `String`, `length()` es un **método** que se invoca con paréntesis para obtener la longitud de una cadena de caracteres (por ejemplo, `string.length()`). La diferencia clave es que en los arrays, `length` es una propiedad, mientras que en las cadenas (`String`), `length()` es un método.

Practica

Crea un nuevo paquete al que puedes llamar apellido.nombre.arrays. Dentro del paquete, crea una clase llamada Array_Marcas_Coche. Dile a Eclipse que te cree el método main y finalizar.

Escribe el siguiente código y ejecuta:

```java
public class Main {
    public static void main(String[] args) {
        // Crear un array vacío de 7 marcas de coches
        String[] marcasDeCoches = new String[7];

        // Rellenar el array uno a uno
        marcasDeCoches[0] = "Toyota";
        marcasDeCoches[1] = "Honda";
        marcasDeCoches[2] = "Ford";
        marcasDeCoches[3] = "BMW";
        marcasDeCoches[4] = "Audi";
        marcasDeCoches[5] = "Chevrolet";
        marcasDeCoches[6] = "Mercedes";

        // Usar un bucle for para imprimir cada marca
        for (int i = 0; i < marcasDeCoches.length; i++) {
            System.out.println(marcasDeCoches[i]);
        }
    }
}
```

Arrays Bidimensionales

Un array bidimensional es una estructura en la que cada posición del array contiene a su vez otro array, formando una especie de tabla con dos dimensiones: filas y columnas. Esta representación gráfica nos ayuda a entender mejor cómo se organiza la información en un array bidimensional, aunque para un ordenador solo son posiciones en la memoria, sin una estructura tabular visual.

Referenciar las Posiciones en un Array Bidimensional

Para referenciar las posiciones en un array bidimensional, se utilizan pares de números (índices). A diferencia de un array unidimensional, donde se usa un único índice, en un array bidimensional se necesita un par de índices: uno para la fila y otro para la columna. Por ejemplo:

- Para hacer referencia a la primera posición del array, se usa [0][0].
- El segundo elemento estaría en [0][1] y el tercero en [0][2].

En estos ejemplos, el primer dígito representa la fila y el segundo la columna. Cuando se cambia de fila, el primer dígito cambia mientras que el segundo dígito se reinicia, continuando este patrón para el resto de las posiciones del array.

Declaración e Inicialización de un Array Bidimensional

En Java, puedes declarar e inicializar un array bidimensional sin rellenarlo de la siguiente manera:

Sintaxis:

```
tipoDato[][] nombreArray = new tipoDato[filas]
[columnas];
```

Ejemplo con un Array de Enteros:

```
int[][] matriz = new int[3][4];
```

En este ejemplo:

- int es el tipo de dato de los elementos del array.
- [][] indica que es un array bidimensional.
- matriz es el nombre del array.
- new int[3][4] crea el array con 3 filas y 4 columnas.

Ejemplo con un Array de Strings:

```
String[][] estudiantes = new String[5][2];
```

En este ejemplo:

- String es el tipo de dato de los elementos del array.
- [][] indica que es un array bidimensional.
- estudiantes es el nombre del array.
- new String[5][2] crea el array con 5 filas y 2 columnas.

Utilidad de un Array Bidimensional

Los arrays bidimensionales son útiles para representar datos en forma de tablas, matrices o cualquier estructura que requiera una organización en filas y columnas. Son comunes en problemas relacionados con gráficos, juegos de tablero, procesamiento de imágenes, bases de datos y más.

Ejemplo Real con Strings

Imaginemos que queremos almacenar una tabla de nombres y apellidos de estudiantes en una clase. Podemos usar un array bidimensional para representar esta tabla:

```java
public class Main {
    public static void main(String[] args) {

        // Declaración simplificada de un array
        bidimensional para almacenar nombres y
        apellidos
        String[][] estudiantes = {
            {"Juan", "Pérez"},
            {"María", "González"},
            {"Luis", "Martínez"},
            {"Ana", "López"}
        };

        // Imprimir la tabla de nombres y apellidos
        for (int i = 0; i < estudiantes.length; i++){

            for (int j = 0; j <
                estudiantes[i].length; j++) {
                System.out.print(estudiantes[i][j] +
                " ");
            }

            System.out.println(); // Nueva línea
            después de cada fila
        }
    }
}
```

Explicación del Código:

Declaración e Inicialización:

- Se declara e inicializa un array bidimensional estudiantes con 4 filas (cada una representando un estudiante) y 2 columnas (la primera columna para el nombre y la segunda para el apellido).

Iteración e Impresión:

- Para recorrer un array bidimensional en Java, necesitamos utilizar bucles for anidados porque estamos tratando con una estructura que es esencialmente un array de arrays. Esto significa que cada elemento del array principal es, a su vez, otro array. Para acceder y extraer la información de cada elemento, necesitamos un bucle padre que recorra el array principal (filas) y otro bucle dentro de este que recorra los elementos de cada fila (columnas).

Salida del Programa:

```
Juan Pérez
María González
Luis Martínez
Ana López
```

Recorrer un Array Bidimensional con el Bucle for-each

En Java, el bucle for-each (también conocido como bucle mejorado for) se puede usar para recorrer arrays unidimensionales y bidimensionales de manera más concisa. A continuación, te muestro cómo utilizar el bucle for-each para recorrer un array bidimensional.

Supongamos que tenemos el mismo array bidimensional de nombres y apellidos de estudiantes. Aquí está cómo podríamos recorrerlo usando el bucle for-each:

```java
// Usar un bucle for-each para imprimir la tabla de nombres
y apellidos
    for (String[] fila : estudiantes) {
        for (String elemento : fila) {
            System.out.print(elemento + " ");
        }
        System.out.println(); // Nueva línea
    después de cada fila
    }
```

Ejercicios arrays

Ejercicio 1: Promedio de Calificaciones

Descripción: Crear un programa que declare e inicialice un array de calificaciones de estudiantes. Luego, el programa debe calcular e imprimir el promedio de estas calificaciones.

Instrucciones:

1. Declara un array de enteros para almacenar las calificaciones de 5 estudiantes.

2. Llena el array con valores de calificaciones.

3. Calcula el promedio de las calificaciones.

4. Imprime el promedio.

Ejercicio 2: Suma de Elementos en un Array Bidimensional

Descripción: Crear un programa que declare e inicialice un array bidimensional de enteros, luego calcule e imprima la suma de todos los elementos del array.

Instrucciones:

1. Declara un array bidimensional de enteros de tamaño 3x3.

2. Llena el array con números enteros.

3. Calcula la suma de todos los elementos del array.

4. Imprime la suma total.

Ejercicio 3: Registro de Notas de Estudiantes

Descripción: Crear un programa que declare e inicialice un array bidimensional para almacenar los nombres de estudiantes y sus notas en diferentes materias. Luego, imprime la tabla utilizando bucles for-each.

Instrucciones:

1. Declara un array bidimensional de cadenas de tamaño 3x3.

2. Llena el array con nombres de estudiantes y sus notas.

3. Imprime la tabla de nombres y notas utilizando bucles for-each.

Soluciones:

Ejercicio 1: Promedio de Calificaciones

```
public class PromedioCalificaciones {
    public static void main(String[] args) {
        // 1. Declarar e inicializar el array de
calificaciones
        int[] calificaciones = {85, 90, 78, 92, 88};

        // 2. Calcular la suma de todas las
calificaciones
        int suma = 0;
        for (int i = 0; i < calificaciones.length; i+
+) {
            suma += calificaciones[i];
        }

        // 3. Calcular el promedio
```

```java
        double promedio = (double) suma /
calificaciones.length;

        // 4. Imprimir el promedio
        System.out.println("El promedio de las
calificaciones es: " + promedio);
    }
}
```

Ejercicio 2: Suma de Elementos en un Array Bidimensional

```java
public class SumaElementos {
    public static void main(String[] args) {
        int[][] numeros = {
            {1, 2, 3},
            {4, 5, 6},
            {7, 8, 9}
        };

        int suma = 0;

        // Calcular la suma de todos los elementos
        for (int[] fila : numeros) {
            for (int numero : fila) {
                suma += numero;
            }
        }

        // Imprimir la suma total
        System.out.println("La suma de todos los
elementos es: " + suma);
    }
}
```

Ejercicio 3: Registro de Notas de Estudiantes

```java
public class RegistroNotas {
    public static void main(String[] args) {
        String[][] notas = {
            {"Juan", "8.5", "9.0"},
            {"María", "7.0", "6.5"},
            {"Luis", "9.5", "8.0"}
        };
```

```java
        // Imprimir la tabla de nombres y notas
        for (String[] fila : notas) {
            for (String elemento : fila) {
                System.out.print(elemento + "\t");
            }
            System.out.println();
        }
    }
}
```

Sección 2: POO. Programación orientada a objetos

Comienzan aquí una serie de capítulos fundamentales en este libro de programación en Java. Hasta ahora hemos visto las herramientas necesarias para poder programar en Java, es decir, la sintaxis, declaración de variables, constantes, bucles, condicionales, etcétera. Sin embargo, todavía no sabemos cómo crear una aplicación medianamente compleja en Java.

Puedes conocer muy bien la sintaxis de un lenguaje de programación como Java, pero hasta que no entiendas bien este paradigma de programación orientada a objetos, qué quiere decir, en qué consiste y cuál es su objetivo, no podrás crear ninguna aplicación compleja.

Comparación de Paradigmas: POP vs. POO

La Programación Orientada a Procedimientos (POP) se basa en la creación de procedimientos o funciones que operan sobre datos globales. Este enfoque, típico de lenguajes de programación de finales de los 60 y comienzos de los 70 como Fortran y COBOL, tiende a producir aplicaciones con grandes bloques de código difíciles de gestionar y entender, especialmente para desarrolladores ajenos a la creación inicial. La POP no promueve la reutilización del código como la POO, lo que resulta en un código menos modular y más propenso a errores. Además, puede generar "código espagueti" con saltos desordenados, complicando el mantenimiento y la comprensión del flujo del programa. Estas características hacen que las aplicaciones desarrolladas con POP sean más difíciles de depurar, modificar y escalar en comparación con las creadas con POO.

En contraste, la Programación Orientada a Objetos (POO) utiliza "objetos" – estructuras que combinan datos y métodos – para diseñar aplicaciones y programas informáticos. Este paradigma, popularizado en la década de 1990, ha revolucionado el diseño de software, ofreciendo una manera más intuitiva y modular de construir aplicaciones complejas. La POO facilita la creación de aplicaciones más mantenibles y escalables mediante conceptos como la encapsulación, la herencia y el polimorfismo. Estos conceptos permiten que el código sea más reutilizable y que las aplicaciones sean más robustas y fáciles de comprender, incluso cuando son trabajadas por múltiples desarrolladores.

15. Paradigma de la Programación Orientada a Objetos

La Programación Orientada a Objetos (POO) se basa en trasladar la naturaleza de los objetos del mundo real al código de programación.

En el mundo real, los objetos tienen un estado (propiedades) y un comportamiento (acciones que pueden realizar). Por ejemplo, un coche puede acelerar, frenar y girar, lo que define su comportamiento. Asimismo, tiene propiedades como tamaño, color, estado de movimiento o estacionamiento. Esta lógica se aplica a cualquier otro objeto.

La POO facilita la labor del programador al permitir trasladar estas características al código de programación. Una de las principales ventajas es la modularización, que permite dividir un programa en partes llamadas clases en Java. Esto no solo mejora la organización del código, sino que también lo hace reutilizable gracias a conceptos como la herencia. Además, si un error ocurre en una parte del código, el programa puede continuar funcionando gracias al manejo de excepciones. El encapsulamiento asegura que ciertas partes del código permanezcan protegidas y no sean accesibles directamente por otras partes del programa, mejorando la seguridad y la integridad del software. Todas estas ventajas reflejan cómo la POO se inspira en el funcionamiento de los objetos del mundo real para mejorar la programación de aplicaciones complejas.

Modularización y Modificadores de Acceso en Java

Para crear una aplicación compleja y modular, es esencial dividirla en módulos, donde cada módulo corresponde a una clase dentro de la aplicación. Hasta ahora, nuestras aplicaciones han tenido una única clase para aprender la sintaxis de Java, pero lo común es que las aplicaciones estén compuestas por múltiples clases.

Cada clase en Java lleva delante una palabra reservada que indica su modificador de acceso. Los modificadores de acceso determinan la visibilidad de una clase desde otras partes del código. Comprender y utilizar estos modificadores es crucial para diseñar aplicaciones modulares y seguras en Java.

- "**public**" permite que el contenido de la clase sea accesible desde cualquier otra clase.

- "**private**" impide el acceso desde fuera de la propia clase, proporcionando encapsulación.

- "**protected**" permite acceso desde el mismo paquete y mediante herencia, facilitando la reutilización de código.

- Por defecto, **sin ningún modificador**, una clase es accesible solo dentro del mismo paquete.

Estos modificadores de acceso no son aplicables solamente a las clases, veremos después que también se pueden aplicar a variables constantes, etcétera.

Crear una Clase Modular en Java

Vamos a construir una clase modular que sea capaz de crear móviles, para así mostrar la modularización en la programación orientada a objetos.

Crea la Clase Principal: GestionMoviles

- Crea un nuevo paquete llamado apellido.nombre.poo
- En el paquete creado, crea una clase GestionMoviles con su método main. Esta clase actuará como la clase principal que lanzará la aplicación.

Crea una Clase Moviles

Crea una clase Moviles sin incluir el método main, ya que la clase GestionMoviles ya lo tiene.

- Esta clase se encargará de la creación y manejo de objetos de tipo Moviles.

Lo primero que tenemos que hacer es crear un constructor.

16. El método constructor

Un constructor es un método especial que da un estado inicial a nuestros objetos cuando lo tengamos todo confeccionado. Las características de un constructor son que debe llevar el mismo nombre que la clase. Es decir, el constructor de esta clase debe llamarse obligatoriamente Moviles. Gracias a esto, sabemos que es un constructor porque tiene el mismo nombre que la clase.

El modificador de acceso será public para que sea accesible este constructor desde cualquier otra clase. A continuación, definimos el constructor Moviles:

```
public Moviles() {
    // Implementación del constructor
}
```

Este constructor debe dar un estado inicial a nuestro objeto, pero para poder darle un estado inicial necesitamos primero definir las propiedades de la clase. Estas propiedades se llaman campos de clase. Los campos de clase o propiedades se pueden crear al principio o al final de la clase. En nuestro caso, los pondremos al principio.

Las propiedades o campos de clase

Las propiedades que le vamos a dar a nuestro móvil son: peso, ram, rom y color. Todos esos campos de clase o propiedades los vamos a ir creando. En esta ocasión, el modificador de acceso que utilizo es private. Esto se llama encapsulación. La encapsulación consiste en hacer que un método o un campo o propiedad solo sea accesible desde la propia clase.

Definimos las propiedades:

```
package apellido.nombre.poo;

public class Moviles {
    // Propiedades
    private int peso;
    private int ram;
    private int rom;
    private String color;
```

```java
    public Moviles() {
        // Constructor de la clase. Estado inicial
        peso = 150;
        ram = 4;
        rom = 64;
        color = "Negro";
    }
}
```

Con esto hemos definido todas las propiedades y el estado inicial que tendrán los móviles en este programa de Java.

En resumen, un constructor es una plantilla que define el estado inicial de un objeto. Cuando creamos un objeto utilizando un constructor, se establece un conjunto inicial de valores para sus propiedades. Sin embargo, podemos personalizar estas propiedades más tarde para ajustar el objeto a nuestras necesidades específicas.

17. Métodos getters y setters

Para modificar y acceder a las propiedades de una clase desde otras clases, utilizamos métodos llamados setters y getters. Estos métodos generalmente se colocan después de la declaración de las propiedades de la clase y antes de cualquier otro método que no sea un getter o setter. Esto ayuda a mantener el código organizado y hace que sea fácil encontrar y leer las definiciones de las propiedades y sus métodos de acceso. A continuación, se explica cómo funcionan y se implementan estos métodos:

Método Setter

Imagina que necesitamos cambiar la propiedad color de un móvil. Para hacerlo, creamos un método que modifique esta propiedad. Este tipo de método se llama setter. Un setter es un método que establece un valor para una propiedad. A continuación se explica cómo confeccionar este método de acceso público:

- **Visibilidad:** Usamos el modificador public para que el método sea accesible desde otras clases.
- **Tipo de retorno:** Este método no devuelve ningún valor, por lo que su tipo de retorno es void.
- **Nombre del método:** Por convención, los setters en Java suelen comenzar con set, seguido del nombre de la propiedad que modifican. En este caso, setColor.
- **Parámetros:** El método toma como parámetro el nuevo valor de la propiedad que va a establecer.

Código del setter para la propiedad color:

```
public void setColor() {
    color = "Azul";
}
```

Método Getter

Para obtener el valor de una propiedad, creamos un método llamado getter. Un getter es un método que devuelve el valor de una propiedad. A continuación se explica cómo confeccionar este método de acceso público:

- **Visibilidad:** Usamos el modificador public para que el método sea accesible desde otras clases.
- **Tipo de retorno**: El método devuelve el valor de la propiedad, por lo que su tipo de retorno debe coincidir con el tipo de la propiedad (en este caso, String).
- **Nombre del método:** Por convención, los getters en Java suelen comenzar con get, seguido del nombre de la propiedad que devuelven. En este caso, getColor.

Código del getter para la propiedad color:

```java
public String getColor() {
    return color;
}
```

Estamos utilizando la propiedad color, así como las propiedades peso, ram y rom, dentro del constructor de la clase Moviles. Esto es posible a pesar de que estas propiedades tienen el modificador private. Recuerda que una propiedad o variable con modificador private solo se puede usar desde dentro de la propia clase, es decir, desde Moviles.

Nuestro programa consta de dos clases separadas en dos ficheros independientes, lo que demuestra la modularización. Si intentamos usar propiedades privadas de Moviles desde la clase GestionMoviles, no podremos, ya que estaríamos en una clase diferente. Sin embargo, podemos usar todo aquello que se ha declarado como public, porque public es accesible desde cualquier clase.

18. Crear un Objeto de la Clase Moviles

Para crear un objeto de la clase Moviles, seguimos estos pasos dentro del método main de la clase GestionMoviles:

1. **Especificar la Clase:** Escribimos el nombre de la clase a la que pertenece el objeto que vamos a crear, en este caso, Moviles.
2. **Nombrar el Objeto:** Asignamos un nombre a la instancia del objeto. En este ejemplo, usaremos miMovil.
3. **Llamar al Constructor:** Utilizamos la palabra reservada new seguida del nombre del constructor (Moviles) para crear una nueva instancia.

```
package apellido.nombre.poo;

public class GestionMoviles {
    public static void main(String[] args) {
        // Crear un nuevo objeto Moviles
        Moviles miMovil = new Moviles();
    }
}
```

Detalles Adicionales

- **Instancia**: Cuando decimos que hemos creado una instancia de la clase Moviles, significa que hemos creado un objeto de esa clase. Podemos crear múltiples instancias.
- **Instanciar**: El acto de crear un objeto de una clase se llama instanciar. En este caso, hemos instanciado la clase Moviles.

Esta explicación utiliza diferentes formas de decir lo mismo para familiarizarte con la jerga de la programación orientada a objetos, ya que las frases "crear un objeto de tipo Moviles", "crear una instancia de la clase Moviles" e "instanciar la clase Moviles" son sinónimos que encontrarás en diferentes libros.

Al crear un objeto o instancia, estamos llamando al constructor y, al llamarlo, lo que estamos haciendo implícitamente es dar un estado inicial a este objeto. Esto se sabe porque es lo que hemos establecido en nuestro constructor.

Al llamar al constructor, implícitamente hemos hecho todo esto. Es decir, miMovil tiene un peso de 150 gramos, 4 GB de RAM, 64 GB de ROM y el color negro.

Para acceder a un método perteneciente a un objeto, utilizamos el nombre del objeto junto con la nomenclatura de punto para acceder al método del color. Si recordáis, la nomenclatura de punto consiste en nombreDelObjeto.metodo(). Al usar esta sintaxis, Eclipse despliega un menú que ayuda a evitar errores de sintaxis. Entre las opciones del menú, reconocemos getColor y setColor, que son los métodos creados en nuestra clase Moviles.

Para ver el color en la consola, usamos System.out.println(miMovil.getColor());. Esto imprimirá el color actual del móvil en la consola de Eclipse.

```
package apellido.nombre.poo;

public class GestionMoviles {
```

```java
public static void main(String[] args) {
    // Crear un nuevo objeto Moviles
    Moviles miMovil = new Moviles();

    // Comprobar y mostrar el color utilizando el
getter
    System.out.println("El color actual del móvil
es: " + miMovil.getColor());

    // Cambiar el color del móvil utilizando el
setter
    miMovil.setColor();

    // Mostrar el color actualizado del móvil
    System.out.println("El color actual del móvil
es: " + miMovil.getColor());
}
}
```

Salida en consola:

```
El color actual del móvil es: Negro
El color actual del móvil es: Azul
```

19. Paso de Argumentos

Todos los objetos que podemos crear pertenecen a nuestra clase Moviles. En cuanto al color, estos objetos tienen actualmente solo dos posibilidades: o tienen color negro, que es el color de su estado inicial asignado en el constructor, o tienen el color azul, que es el que hemos establecido mediante el método setColor. Sin embargo, queremos poder asignarles cualquier color deseado a lo largo de nuestro programa, añadiéndole así dinamismo.

Para conseguir esto, utilizamos el paso de parámetros o argumentos a un método, concretamente al método setColor. Esto consiste en preparar el método para recibir un parámetro o argumento cuando se le llame, y que el método opere con el valor que se le ha pasado.

Clase Moviles con el Método Setter preparado para recibir argumentos

```java
package apellido.nombre.poo;

public class Moviles {
    // Propiedades de la clase Moviles
    private int peso;
    private int ram;
    private int rom;
    private String color;

    // Constructor de la clase. Estado inicial
    public Moviles() {
        peso = 150;
        ram = 4;
        rom = 64;
        color = "Negro";
    }

    // Getter para la propiedad color
    public String getColor() {
        return color;
    }

    // Setter preparado para recibir un valor de tipo
String para cambiar la propiedad color
    public void setColor(String color) {
        this.color = color;
    }
}
```

Explicación

- **Paso de Parámetros**: El método setColor está preparado para recibir un parámetro (nuevoColor) y operar con el valor que se le pasa en la llamada.

- **Llamada al método**: Cuando se produce la llamada al método setColor, el método se ejecuta y el valor que estamos pasando en la llamada se almacena en el parámetro o argumento del método. Un parámetro o argumento de un método es como una variable.
- **Modificación del Color**: Esto nos permite asignar cualquier color deseado al objeto Moviles, en lugar de estar limitados a un color predeterminado.

Al seguir estos pasos, podemos crear objetos de la clase Moviles y asignarles cualquier color deseado utilizando el método setColor.

Clase GestionMoviles pasando argumentos al método setColor

```
package apellido.nombre.poo;

public class GestionMoviles {
    public static void main(String[] args) {
        // Crear un nuevo objeto Moviles
        Moviles miMovil = new Moviles();

        // Cambiar el color del móvil pasando el
    argumento al setter
        miMovil.setColor("Rojo");

        // Mostrar el color actualizado del móvil
        System.out.println("El color actual del móvil
    es: " + miMovil.getColor());
    }
}
```

Uso del this

En Java, this es una palabra clave especial utilizada dentro de un método o constructor para referirse al objeto actual de la clase. Es especialmente útil cuando hay una ambigüedad entre los nombres de las variables de instancia (campos de clase) y los nombres de los parámetros del método o constructor.

¿Por qué usar this?

Cuando los nombres de los parámetros del método coinciden con los nombres de los campos de clase, se crea una ambigüedad. Para resolver esta ambigüedad y dejar claro que estamos refiriéndonos al campo o propiedad de clase, usamos this.

Ejemplo sin this

```
public class Moviles {
    private String color;

    public void setColor(String color) {
        color = color; // Ambiguo, no está claro si
se refiere al parámetro o al campo de clase
    }
}
```

En el ejemplo anterior, color = color no resuelve la ambigüedad, y el campo de clase color no se actualiza.

Ejemplo con this

```
public class Moviles {
    private String color;

    public void setColor(String color) {
```

```
        this.color = color; // 'this.color' se
refiere al campo de clase, 'color' es el parámetro
    }
}
```

En este ejemplo, `this.color = color` deja claro que estamos asignando el valor del parámetro `color` al campo de clase `color`.

Paso de Argumentos en Constructores

Podemos hacer lo mismo con un constructor. Sabemos que la misión de un método constructor es dar un estado inicial a los objetos o instancias que creemos y que pertenezcan a una clase. Es decir, todos los objetos que creemos en el futuro pertenecientes a esta clase tendrán un estado inicial. En nuestro ejemplo, todos los móviles tienen un peso, una cantidad de RAM, una cantidad de ROM y, por defecto, un color. Luego, con el método correspondiente, podemos modificar ese color y personalizar el móvil como queramos.

Sin embargo, este estado inicial obliga a que todos nuestros móviles tengan los mismos valores iniciales. La palabra "móvil" es más genérica: aunque muchos móviles pueden compartir ciertas características, no todos tienen que tener las mismas especificaciones. Por ejemplo:

- **Móviles de alta gama**: Pueden tener más RAM y ROM.
- **Móviles económicos**: Pueden tener menos RAM y ROM.

Nuestro programa es muy rígido porque asigna el mismo estado inicial a todos los móviles y no tiene un método para modificar todas las propiedades, solo para modificar el color.

Constructores con Parámetros

Para hacer que nuestras clases no sean tan rígidas al dar un estado inicial a nuestros objetos, podemos hacer que el método constructor también reciba parámetros o argumentos. De esta manera, podemos darle un estado inicial diferente a cada objeto.

Ejemplo

Si queremos que el constructor reciba un parámetro para el peso y el resto de propiedades, lo haríamos de la siguiente manera:

```java
package apellido.nombre.poo;

public class Moviles {
    private int peso;
    private int ram;
    private int rom;
    private String color;

    // Constructor que recibe parámetros
    public Moviles(int peso, int ram, int rom, String
      color) {
        this.peso = peso;
        this.ram = ram;
        this.rom = rom;
        this.color = color;
    }

    // Getter y Setter para las propiedades
    public int getPeso() {
        return peso;
    }

    public void setPeso(int peso) {
        this.peso = peso;
    }

    public int getRam() {
```

```java
        return ram;
    }

    public void setRam(int ram) {
        this.ram = ram;
    }

    public int getRom() {
        return rom;
    }

    public void setRom(int rom) {
        this.rom = rom;
    }

    public String getColor() {
        return color;
    }

    public void setColor(String color) {
        this.color = color;
    }

    // Método para mostrar los detalles del móvil
    public void mostrarDetalles() {
        System.out.println("Peso: " + peso + "
      gramos");
        System.out.println("RAM: " + ram + " GB");
        System.out.println("ROM: " + rom + " GB");
        System.out.println("Color: " + color);
    }
}
```

Clase Principal: GestionMoviles

```java
package apellido.nombre.poo;

public class GestionMoviles {
    public static void main(String[] args) {
        // Crear instancias de Moviles con diferentes
      estados iniciales
```

```
        Moviles movil1 = new Moviles(150, 4, 64,
    "Negro");
        Moviles movil2 = new Moviles(180, 6, 128,
    "Blanco");
        Moviles movil3 = new Moviles(200, 8, 256,
    "Azul");

        // Mostrar los detalles de cada móvil
        movil1.mostrarDetalles();
        movil2.mostrarDetalles();
        movil3.mostrarDetalles();
    }
}
```

Resumen

1. **Constructores como Plantillas**: Los constructores definen un estado inicial común para todos los objetos.
2. **Personalización con Parámetros**: Al permitir que los constructores reciban parámetros, podemos asignar diferentes valores iniciales a cada objeto, lo que proporciona flexibilidad.
3. **Aplicación**: En el ejemplo, se pueden crear diferentes tipos de móviles con diferentes especificaciones y colores personalizados.

Conclusión

Al igual que los móviles de una misma marca pueden tener un modelo base pero diferentes características específicas, los objetos en Java pueden ser creados con un constructor que define su estado inicial, y luego ser personalizados según las necesidades mediante el paso de parámetros. Esto permite crear objetos que comparten una estructura común pero tienen sus propias particularidades, proporcionando flexibilidad y reutilización en la programación orientada a objetos.

Método getDetalles

Podemos crear un método en nuestra clase Moviles que nos informe de todas las características de un móvil. Podemos definir un método llamado getDetalles en la clase Moviles. Este método devolverá una cadena de texto que contenga todas las propiedades del móvil.

```java
package apellido.nombre.poo;

public class Moviles {
    // Constructor
    // Getter para la propiedad color
    public String getColor() {
        return color;
    }

    // Método para obtener todos los detalles del
móvil
    public String getDetalles() {
        return "Peso: " + peso + " gramos\n" +
                "RAM: " + ram + " GB\n" +
                "ROM: " + rom + " GB\n" +
                "Color: " + color;
    }

    // Método para mostrar los detalles del móvil en
la consola
    public void mostrarDetalles() {
        System.out.println(getDetalles());
    }
}
```

Clase Principal: GestionMoviles

```
package apellido.nombre.poo;

public class GestionMoviles {
    public static void main(String[] args) {
        Moviles miMovil = new Moviles(150, 4, 64,
    "Negro");

        // Mostrar los detalles del móvil
        miMovil.mostrarDetalles();
    }
}
```

Ejercicio: Gestión de Empleados

Objetivo: Practicar la creación de clases, constructores, métodos getters y setters, y el uso del condicional if-else en Java.

Instrucciones:

1. **Crear una clase Empleado**:

   - Propiedades: nombre, edad, salario, departamento.

   - Constructor que inicializa estas propiedades.

   - Métodos getters y setters para todas las propiedades.

   - Un método getDetalles que devuelve una cadena con todos los detalles del empleado.

2. **Crear una clase GestionEmpleados con el método main**:

   - Crear al menos tres instancias de la clase Empleado con diferentes valores iniciales.

- Cambiar algunas propiedades de estos empleados utilizando los métodos setters.

- Mostrar los detalles de cada empleado utilizando el método getDetalles.

3. **Añadir una funcionalidad adicional**:

- Crear un método evaluarSalario en la clase Empleado que verifique si el salario del empleado es mayor que un valor especificado (por ejemplo, 3000) y devuelva un mensaje apropiado utilizando if-else.

- Llamar a este método desde la clase GestionEmpleados y mostrar el resultado.

Solución:

Clase Empleado

```
package gestion.empleados;

public class Empleado {
    private String nombre;
    private int edad;
    private double salario;
    private String departamento;

    // Constructor
    public Empleado(String nombre, int edad, double salario, String departamento) {
        this.nombre = nombre;
        this.edad = edad;
        this.salario = salario;
        this.departamento = departamento;
    }

    // Getters y Setters
```

```java
    public String getNombre() {
        return nombre;
    }

    public void setNombre(String nombre) {
        this.nombre = nombre;
    }

    public int getEdad() {
        return edad;
    }

    public void setEdad(int edad) {
        this.edad = edad;
    }

    public double getSalario() {
        return salario;
    }

    public void setSalario(double salario) {
        this.salario = salario;
    }

    public String getDepartamento() {
        return departamento;
    }

    public void setDepartamento(String departamento)
{
        this.departamento = departamento;
    }

    // Método para obtener todos los detalles del
empleado
    public String getDetalles() {
        return "Nombre: " + nombre + "\n" +
                "Edad: " + edad + " años\n" +
                "Salario: " + salario + " USD\n" +
                "Departamento: " + departamento;
    }

    // Método para evaluar el salario del empleado
    public String evaluarSalario(double umbral) {
        if (salario > umbral) {
```

```java
            return "El salario de " + nombre + " es
mayor que " + umbral + " USD.";
        } else {
            return "El salario de " + nombre + " es
menor o igual que " + umbral + " USD.";
        }
    }
}
```

Clase Principal: GestionEmpleados

```java
package gestion.empleados;

public class GestionEmpleados {
    public static void main(String[] args) {
        // Crear instancias de Empleado
        Empleado empleado1 = new Empleado("Juan", 30,
    3500, "IT");
        Empleado empleado2 = new Empleado("Ana", 25,
    2800, "Marketing");
        Empleado empleado3 = new Empleado("Carlos",
    45, 4500, "Finanzas");

        // Cambiar algunas propiedades de los
    empleados
        empleado1.setSalario(3700);
        empleado2.setDepartamento("Ventas");

        // Mostrar los detalles de cada empleado
        System.out.println("Detalles del empleado
    1:");
        System.out.println(empleado1.getDetalles());
        System.out.println();

        System.out.println("Detalles del empleado
    2:");
        System.out.println(empleado2.getDetalles());
        System.out.println();

        System.out.println("Detalles del empleado
    3:");
        System.out.println(empleado3.getDetalles());
```

```
        System.out.println();

        // Evaluar el salario de los empleados
System.out.println(empleado1.evaluarSalario(3000));

System.out.println(empleado2.evaluarSalario(3000));

System.out.println(empleado3.evaluarSalario(3000));
    }
}
```

El Panel Outline en Eclipse

Es importante fijarse en un panel que tiene Eclipse: el panel **Outline**. Este panel es crucial al trabajar con programación orientada a objetos y, a medida que una aplicación se vuelve más compleja y tiene más código, el panel **Outline** adquiere aún más importancia.

Si no lo tienes activado en Eclipse, puedes hacerlo de la siguiente manera:

1. Ve al menú **Window**.
2. Selecciona **Show View**.
3. Dentro de **Show View**, selecciona **Outline**.

¿Por qué es tan importante este Panel Outline? Porque nos informa de varias cosas, una de ellas muy importante: la estructura de nuestra clase activa.

Si vas a la clase Moviles, observamos que nos hace un resumen de todos los métodos y propiedades que tiene esta clase. Los métodos vienen representados por un círculo verde, mientras que las propiedades vienen representadas por un cuadrado rojo. Además, tenemos diferentes tipos de métodos: constructores y métodos normales. El método constructor viene indicado con una pequeña "c", mientras que los métodos normales no la tienen.

También, si nos fijamos en las propiedades, aparece un pequeño símbolo amarillo que nos indica que esa propiedad todavía no la hemos utilizado para mostrar su información.

Otra funcionalidad muy útil del panel Outline es que nos permite desplazarnos a un método o a una propiedad en concreto, lo cual es especialmente útil cuando el programa es muy largo. Al hacer clic en una propiedad o método, Eclipse automáticamente nos lleva a donde está declarado. Esto incluye el constructor y cualquier método o propiedad que hayamos definido.

20. Sobrecarga de métodos y constructores

La sobrecarga de métodos y constructores en Java permite definir múltiples métodos o constructores con el mismo nombre, pero con diferentes tipos o números de parámetros. Esto permite crear métodos y constructores que pueden realizar acciones similares pero con diferentes niveles de detalle o características. A más parámetros, más personalizable.

Java sabe a cuál método o constructor estás llamando gracias al número y tipo de argumentos que se están pasando en la llamada.

Sobrecarga de Constructores

La sobrecarga de constructores permite crear diferentes formas de inicializar un objeto de la clase. Vamos a ver cómo aplicar esto a la clase Moviles.

Clase Moviles con Sobrecarga de Constructores

```java
package apellido.nombre.poo;

public class Moviles {
    private int peso;
    private int ram;
    private int rom;
    private String color;

    // Constructor sin parámetros
    public Moviles() {
        this.peso = 150; // gramos
        this.ram = 4; // GB
        this.rom = 64; // GB
        this.color = "Negro";
    }

    // Constructor con algunos parámetros
    public Moviles(int ram, int rom) {
        this.peso = 150; // gramos (valor por
      defecto)
        this.ram = ram;
        this.rom = rom;
        this.color = "Negro"; // valor por defecto
    }

    // Constructor con todos los parámetros
    public Moviles(int peso, int ram, int rom, String
      color) {
        this.peso = peso;
        this.ram = ram;
        this.rom = rom;
        this.color = color;
    }
```

Clase Principal: GestionMoviles con Sobrecarga de Constructores

```java
package apellido.nombre.poo;

public class GestionMoviles {
    public static void main(String[] args) {
        // Crear instancia de Moviles con el
constructor sin parámetros
        Moviles movil1 = new Moviles();
        movil1.mostrarDetalles();
        System.out.println();

        // Crear instancia de Moviles con el
constructor con algunos parámetros
        Moviles movil2 = new Moviles(6, 128);
        movil2.mostrarDetalles();
        System.out.println();

        // Crear instancia de Moviles con el
constructor con todos los parámetros
        Moviles movil3 = new Moviles(200, 8, 256,
"Azul");
        movil3.mostrarDetalles();
    }
}
```

Sobrecarga de Métodos

La sobrecarga de métodos permite definir varios métodos con el mismo nombre en la misma clase, pero con diferente número o tipos de parámetros.

Ejemplo de Sobrecarga de Métodos en la Clase Moviles

Añadamos métodos sobrecargados para ajustar la RAM y ROM de los móviles.

```java
package apellido.nombre.poo;

public class Moviles {
    // Propiedades y constructores (como antes)

    // Método sobrecargado para ajustar la RAM
    public void ajustarRam(int ram) {
        this.ram = ram;
    }

    public void ajustarRam(int ram, String unidad) {
        if (unidad.equalsIgnoreCase("GB")) {
            this.ram = ram;
        } else if (unidad.equalsIgnoreCase("MB")) {
            this.ram = ram / 1024;
        }
    }

    // Método sobrecargado para ajustar la ROM
    public void ajustarRom(int rom) {
        this.rom = rom;
    }

    public void ajustarRom(int rom, String unidad) {
        if (unidad.equalsIgnoreCase("GB")) {
            this.rom = rom;
        } else if (unidad.equalsIgnoreCase("MB")) {
            this.rom = rom / 1024;
        }
    }

}
```

Clase Principal: GestionMoviles con Sobrecarga de Métodos

```java
package apellido.nombre.poo;

public class GestionMoviles {
    public static void main(String[] args) {
        // Crear instancia de Moviles
```

147

```java
        Moviles miMovil = new Moviles(150, 4, 64,
"Negro");

        // Ajustar RAM utilizando métodos
    sobrecargados
        miMovil.ajustarRam(8);
        System.out.println("Detalles después de
    ajustar la RAM a 8 GB:");
        miMovil.mostrarDetalles();
        System.out.println();

        miMovil.ajustarRam(8192, "MB");
        System.out.println("Detalles después de
    ajustar la RAM a 8192 MB:");
        miMovil.mostrarDetalles();
        System.out.println();

        // Ajustar ROM utilizando métodos
    sobrecargados
        miMovil.ajustarRom(128);
        System.out.println("Detalles después de
    ajustar la ROM a 128 GB:");
        miMovil.mostrarDetalles();
        System.out.println();

        miMovil.ajustarRom(131072, "MB");
        System.out.println("Detalles después de
    ajustar la ROM a 131072 MB:");
        miMovil.mostrarDetalles();
    }
}
```

Conclusión

La sobrecarga de métodos y constructores es una poderosa característica de Java que permite crear varias versiones de un método o constructor con el mismo nombre pero diferentes listas de parámetros. Esto proporciona flexibilidad y permite que una clase maneje diferentes tipos de entradas de manera eficiente. En el ejemplo, hemos visto cómo crear diferentes versiones de constructores y métodos para la clase Moviles, lo que permite inicializar objetos y ajustar propiedades de múltiples maneras.

Ejercicio: Gestión de Productos en una Tienda

Objetivo:

Practicar la construcción de clases y objetos, la sobrecarga de métodos, la entrada y salida de datos con JOptionPane y el uso de condicionales.

Instrucciones:

1. **Crear una clase Producto**:

   - Propiedades: nombre, precio, cantidad, categoria.

   - Constructores sobrecargados:

     - Constructor sin parámetros que inicializa las propiedades con valores predeterminados.

     - Constructor que recibe nombre y precio.

     - Constructor que recibe nombre, precio, cantidad y categoria.

   - Métodos getters y setters para todas las propiedades.

   - Métodos sobrecargados para ajustar el precio (ajustarPrecio):

- Uno que recibe el precio en la misma moneda.

- Otro que recibe el precio en una moneda diferente y lo convierte.

2. **Crear una clase GestionTienda con el método main**:

- Utilizar JOptionPane para pedir al usuario que ingrese los detalles de varios productos.

- Crear objetos de la clase Producto utilizando los constructores sobrecargados.

- Ajustar el precio de algunos productos utilizando los métodos sobrecargados.

- Mostrar la información de los productos utilizando JOptionPane.

- Incluir condicionales para verificar ciertas condiciones (por ejemplo, si el precio es mayor a un valor específico, si la cantidad es suficiente, etc.).

Solución:

Clase Producto

```java
package tienda;

public class Producto {
    private String nombre;
    private double precio;
    private int cantidad;
    private String categoria;

    // Constructor sin parámetros
```

```java
    public Producto() {
        this.nombre = "Desconocido";
        this.precio = 0.0;
        this.cantidad = 0;
        this.categoria = "General";
    }

    // Constructor con nombre y precio
    public Producto(String nombre, double precio) {
        this.nombre = nombre;
        this.precio = precio;
        this.cantidad = 0;
        this.categoria = "General";
    }

    // Constructor con todos los parámetros
    public Producto(String nombre, double precio, int
cantidad, String categoria) {
        this.nombre = nombre;
        this.precio = precio;
        this.cantidad = cantidad;
        this.categoria = categoria;
    }

    // Getters y Setters
    public String getNombre() {
        return nombre;
    }

    public void setNombre(String nombre) {
        this.nombre = nombre;
    }

    public double getPrecio() {
        return precio;
    }

    public void setPrecio(double precio) {
        this.precio = precio;
    }

    public int getCantidad() {
        return cantidad;
    }
```

```java
    public void setCantidad(int cantidad) {
        this.cantidad = cantidad;
    }

    public String getCategoria() {
        return categoria;
    }

    public void setCategoria(String categoria) {
        this.categoria = categoria;
    }

    // Métodos sobrecargados para ajustar el precio
    public void ajustarPrecio(double precio) {
        this.precio = precio;
    }

    public void ajustarPrecio(double precio, String
      moneda) {
        if (moneda.equalsIgnoreCase("USD")) {
            this.precio = precio * 0.85; // Convertir
            de USD a EUR
        } else if (moneda.equalsIgnoreCase("EUR")) {
            this.precio = precio;
        }
    }

    // Método para obtener todos los detalles del
producto
    public String getDetalles() {
        return "Nombre: " + nombre + "\n" +
                "Precio: " + precio + " EUR\n" +
                "Cantidad: " + cantidad + "\n" +
                "Categoría: " + categoria;
    }
}
```

Clase Principal: GestionTienda

```java
package tienda;

import javax.swing.JOptionPane;
```

```java
public class GestionTienda {
    public static void main(String[] args) {

        // Crear productos utilizando los
        constructores sobrecargados
        Producto producto1 = new Producto();
        Producto producto2 = new Producto("Laptop",
        1200);
        Producto producto3 = new
        Producto("Smartphone", 800, 50, "Electrónica");

        // Ajustar precios utilizando los métodos
        sobrecargados
        producto2.ajustarPrecio(1000);
        producto3.ajustarPrecio(950, "USD");

        // Mostrar la información de los productos
        JOptionPane.showMessageDialog(null,
producto1.getDetalles(), "Detalles del Producto 1",
JoptionPane.INFORMATION_MESSAGE);

        JOptionPane.showMessageDialog(null,
producto2.getDetalles(), "Detalles del Producto 2",
JoptionPane.INFORMATION_MESSAGE);

        JOptionPane.showMessageDialog(null,
producto3.getDetalles(), "Detalles del Producto 3",
JoptionPane.INFORMATION_MESSAGE);

        // Pedir al usuario que ingrese detalles de
        un nuevo producto
        String nombre =
JOptionPane.showInputDialog("Ingrese el nombre del
producto:");

        double precio =
Double.parseDouble(JOptionPane.showInputDialog("Ingre
se el precio del producto:"));

        int cantidad =
Integer.parseInt(JOptionPane.showInputDialog("Ingrese
la cantidad del producto:"));
```

```java
        String categoria =
JOptionPane.showInputDialog("Ingrese la categoría del
producto:");

        Producto producto4 = new Producto(nombre,
precio, cantidad, categoria);

        // Mostrar la información del nuevo producto
        JOptionPane.showMessageDialog(null,
producto4.getDetalles(), "Detalles del Producto 4",
JOptionPane.INFORMATION_MESSAGE);

        // Condicionales para verificar ciertas
condiciones
        if (producto4.getPrecio() > 1000) {
            JOptionPane.showMessageDialog(null, "El
precio del producto es mayor a 1000 EUR.", "Alerta de
Precio", JOptionPane.WARNING_MESSAGE);
        }

        if (producto4.getCantidad() < 10) {
            JOptionPane.showMessageDialog(null, "La
cantidad del producto es baja: " +
producto4.getCantidad(), "Alerta de Cantidad",
JOptionPane.WARNING_MESSAGE);
        }
    }
}
```

Constantes y Uso de la Palabra Reservada final

Al utilizar final delante de una variable, esta se convierte automáticamente en una constante. Vamos a ver el concepto de constante y el concepto de constante de clase.

Primero, creamos una nueva clase en nuestro paquete. Pulsamos con el botón derecho en el paquete, seleccionamos

New y luego Class. A esta clase vamos a llamarle GestionEmpleados. Esta clase tendrá el método main.

Clase GestionEmpleados y Clase Empleados en un Mismo Fichero

```
package apellido.nombre.poo;

public class GestionEmpleados {
    public static void main(String[] args) {
        // Crear instancia de Empleados con el
constructor
        Empleados empleado1 = new Empleados("Ana");

System.out.println(empleado1.getDetallesEmpleado());

        // Cambiar la sección del empleado
        empleado1.cambiarSeccion("Recursos Humanos");

System.out.println(empleado1.getDetallesEmpleado());

        // Intentar cambiar el nombre del empleado
(esto causará un error)
        // empleado1.setNombre("Paco"); // Esta línea
dará un error de compilación

        // Mostrar el intento de cambiar el nombre
(no debería ser posible)
        System.out.println("Intento de cambiar el
nombre del empleado:");

System.out.println(empleado1.getDetallesEmpleado());
    }

    public static class Empleados {
        // Uso de la palabra reservada final
        private final String nombre;
        private String seccion;

        // Constructor de la clase Empleados
        public Empleados(String nombre) {
            this.nombre = nombre;
```

155

```java
        this.seccion = "Administración";  // 
Sección inicial para todos los empleados
    }

    // Método setter para cambiar la sección del 
empleado
    public void cambiarSeccion(String seccion) {
        this.seccion = seccion;
    }

    // Método getter para obtener los detalles 
del empleado
    public String getDetallesEmpleado() {
        return "El empleado " + nombre + " 
pertenece a la sección " + seccion;
    }
  }
}
```

Problema: Cambio de Nombre de Empleado

Consideremos una situación en la que un objeto de tipo Empleado tiene dos propiedades: nombre y seccion. La propiedad seccion puede cambiar durante la ejecución del programa, pero la propiedad nombre no debería cambiar una vez asignada, ya que en la vida real, los nombres de los empleados no cambian de manera arbitraria.

El uso de la palabra reservada final en Java nos permite crear constantes, asegurando que ciertos valores no puedan ser modificados una vez asignados. En nuestro ejemplo, hemos visto cómo aplicar esto a la propiedad nombre de la clase Empleado, evitando que el nombre del empleado cambie durante la ejecución del programa. Esto mejora la robustez y la fiabilidad del código, especialmente en aplicaciones complejas donde múltiples programadores pueden estar trabajando juntos y no deseas que se modifique por descuido el valor de una propiedad.

```
private final String nombre;
```

Uso de la Palabra Reservada static

En Java, podemos tener variables, constantes e incluso métodos static. Entender el significado de la palabra reservada static es crucial ya que es una de las características más complejas.

Asignación de un Número Identificativo

Imagina que a estos empleados que vamos creando les queremos asignar un número identificativo. Podemos ir al constructor de la clase Empleado y decir que va a recibir dos parámetros o argumentos. Además del nombre, va a recibir un segundo parámetro al cual le vamos a llamar ID. De igual forma, vamos a declarar los campos de clase, incluyendo ID, igual que hicimos con nombre y seccion.

El problema es que necesitamos saber en todo momento cuál es el número identificativo del último empleado. Esto se complica en programas complejos con muchos empleados, haciendo tedioso e incluso imposible memorizar el Id del último empleado creado.

Solución con static

Para solucionar esto, utilizamos una variable static. En nuestro programa, tenemos una clase Empleado con tres campos o propiedades: nombre, seccion y Id. Cuando creamos una instancia u objeto que pertenece a esta clase, internamente se asigna **una copia** de cada campo **a cada una de las instancias**. Por ejemplo, Empleado1 tiene su propia copia de nombre, seccion e Id. Lo mismo ocurre con Empleado2. Cada empleado tiene su propia copia de las variables, funcionando de manera **independiente**.

Declarar una Variable static

¿Qué ocurre si declaramos una variable static dentro de nuestra clase? Una variable static **no se copia** en cada uno de los objetos, sino que **pertenece a la propia clase**, no a ninguna instancia, por eso se les denomina variables de clase, **una sola copia compartida** por todas las instancias. Para utilizar una variable static, se debe anteponer el nombre de la clase delante, al contrario de lo que ocurre con una variable que no es static, en la que se ha de anteponer el nombre de la instancia. Lo mismo ocurre con las constantes.

```
package apellido.nombre.poo;

public class Empleados {
    private static int contadorId = 0;
    private final int id;
    private final String nombre;
    private String seccion;

    // Constructor de la clase Empleados
    public Empleados(String nombre) {
        this.id = ++contadorId; // Id asignado a cada
empleado instanciado
        this.nombre = nombre;
        this.seccion = "Administración";  // Sección
inicial para todos los empleados
    }
```

```java
    // Método getter para obtener los detalles del empleado
    public String getDetallesEmpleado() {
        return "El empleado " + nombre + " (ID: " + id + ") pertenece a la sección " + seccion;
    }

    // Método static para obtener el número de empleados creados
    public static int getNumeroEmpleados() {
        return contadorId;
    }
}
```

Uso de la Clase Principal: GestionEmpleados

En esta clase, vamos a crear instancias de la clase Empleado, cambiar su sección y mostrar sus detalles. También mostraremos el número total de empleados creados.

```java
package apellido.nombre.poo;

public class GestionEmpleados {
    public static void main(String[] args) {

        // Crear instancia de Empleado con el constructor
        Empleados empleado1 = new Empleados("Ana");


        // Crear otra instancia de Empleado
        Empleados empleado2 = new Empleados("Juan");

        // Crear otra instancia de Empleado
        Empleados empleado3 = new Empleados("Susana");


        // Mostrar detalles del último empleado
        System.out.println(empleado3.getDetallesEmpleado());
    }
}
```

Funcionamiento de la Asignación Automática de ID con static

Cada vez que creamos una instancia u objeto que pertenezca a la clase Empleado, además de asignarle un nombre y una sección (que inicialmente será "Administración"), se le asignará un ID único. Este proceso se maneja utilizando la variable static contadorId.

1. **Inicialización del Id**:

   - La variable contadorId se inicializa en 0.
   - Al crear el primer objeto, contadorId se incrementa y se asigna el valor 1 al campo id del objeto.
   - Después de asignar el ID, contadorId se incrementa, por lo que el siguiente ID será 2.

2. **Asignación de ID a Instancias**:

   - El primer objeto tendrá id igual a 1.
   - El segundo objeto tendrá id igual a 2.
   - El tercer objeto tendrá id igual a 3, y así sucesivamente.

3. **Incremento de contadorId**:

   - La variable contadorId pertenece a la clase Empleado, no a las instancias individuales.
   - Cada vez que se crea una nueva instancia, contadorId se incrementa, garantizando que cada nuevo objeto tenga un ID único.

Resumen

- **Variables static**: Una variable static pertenece a la clase y no se copia en cada instancia. Para utilizarla, se usa el nombre de la clase seguido del nombre de la variable.
- **Uso en Ejemplo**: En el ejemplo, contadorId es una variable static que lleva la cuenta del número de empleados creados. El método getNumeroEmpleados devuelve este contador.

Esta implementación mejora la robustez y la fiabilidad del código, asegurando que ciertos valores se mantengan consistentes a lo largo de la aplicación, especialmente en programas complejos con múltiples desarrolladores.

21. Métodos estáticos

Un método estático es aquel que no pertenece a ningún objeto, sino que pertenece a la propia clase donde ha sido declarado. Al igual que las variables y constantes estáticas, los métodos estáticos no actúan sobre objetos individuales. Esto significa que no se utilizan con el nombre del objeto, sino con el nombre de la clase seguido de un punto y el nombre del método.

Características de los métodos estáticos:

- **Pertenencia a la clase:** No actúan sobre instancias u objetos, sino sobre la clase misma.
- **Acceso:** Se acceden utilizando el nombre de la clase seguido de un punto y el nombre del método.

- **Restricciones:** No pueden acceder a campos de instancia de la clase a menos que esos campos también sean estáticos.

Ejemplo en nuestro programa de Empleados

Vamos a trasladar estos conceptos a nuestro ejemplo de Empleados y GestionEmpleados que trabajamos anteriormente.

```
package apellido.nombre.poo;

public class GestionEmpleados {

    public static void main(String[] args) {
        // Crear instancia primer Empleado
        Empleados empleado1 = new Empleados("Ana");

        // Crear otra instancia de Empleado
        Empleados empleado2 = new Empleados("Juan");

        // Crear otra instancia de Empleado
        Empleados empleado3 = new
Empleados("Susana");

        // Mostrar el id siguiente
System.out.println(Empleados.getIdSiguiente());
    }

    public static class Empleados {
        private static int contadorId = 0; //
Variable estática para contar empleados
        private final int id;
        private final String nombre;
        private String seccion;
```

```java
        // Constructor de la clase Empleados
        public Empleados(String nombre) {
            this.id = ++contadorId; // Id asignado a
cada empleado instanciado
            this.nombre = nombre;
            this.seccion = "Administración";
        }

        // Método estático para obtener el id
siguiente
        public static String getIdSiguiente() {
            return "El id siguiente es " +
(contadorId + 1);
        }
    }
}
```

Este enfoque mejora la claridad del código y permite el uso eficiente de métodos que no dependen de instancias específicas, sino de la clase en general.

El Método main

Ahora ya podemos comprender mejor el método main. Nos damos cuenta de que el **public** es el modificador de acceso que nos permite acceder al main desde fuera de la clase donde nos encontramos, en este caso, desde fuera de GestionEmpleados. Y debe ser así porque el intérprete Java, cuando comienza a ejecutar este programa, ni siquiera ha entrado en la clase de Empleados. Es decir, se debe poder utilizar el método main incluso antes de saber que existe una clase GestionEmpleados en este caso.

static porque este método main no pertenece a ningún objeto, y debe ser así. Como todos los programas Java comienzan a ejecutarse por el método main, no hay objetos creados con los que se pueda acceder al main. Como no hay objetos creados cuando arranca un programa Java, el método main debe ser static porque no pertenece a ningún objeto. No hay objeto con el que invocar este método.

void indica que este método main no devuelve ninguna información, es decir, no hay ninguna instrucción return.

main es el nombre del método, que en inglés quiere decir principal, es decir, se trata del método principal de un programa Java. Y luego aquí tenemos los parámetros que puede recibir este método main, parámetros que son de tipo array, un array que es una cadena de caracteres y parámetro a que ha decidido llamarle args. Veremos más adelante en el curso cómo es posible pasarle argumentos a este método main cuando vamos a ejecutar un programa.

Ejercicio

El objetivo de este ejercicio es practicar la creación y manejo de clases y objetos en Java, así como el uso de métodos estáticos y la transferencia de datos entre objetos.

Descripción del Ejercicio

Vas a implementar una simulación básica de un sistema de gestión de cuentas corrientes. Deberás crear una clase CuentaCorriente que representará las cuentas de los clientes y una clase Nuevos_Clientes que manejará las operaciones principales. Además, implementarás un método estático para realizar transferencias de dinero entre cuentas. Ten en cuenta que se puede implementar de varias formas. La que escojas, si funciona correctamente, enhorabuena.

Requisitos

1. **Clase CuentaCorriente:**

   - **Propiedades:**
     - nombre_titular (String): El nombre del titular de la cuenta.
     - saldo (double): El saldo de la cuenta.
     - numero_cuenta (long): El número de cuenta, generado aleatoriamente.
   - **Constructor:**
     - Debe recibir el nombre del titular y asignar un número de cuenta aleatorio de 16 dígitos y un saldo inicial de 0.
   - **Métodos:**
     - setIngreso(double ingreso): Método para añadir un ingreso al saldo de la cuenta.
     - setReintegro(double reintegro): Método para retirar una cantidad del saldo de la cuenta.
     - getSaldo(): Método que devuelve una cadena con el saldo actual de la cuenta.
     - getDatosCuenta(): Método que devuelve una cadena con todos los datos de la cuenta.

2. **Clase Nuevos_Clientes:**

- Debe contener el método main donde se realizarán las siguientes operaciones:
  - Crear al menos dos instancias de CuentaCorriente con nombres de titulares diferentes.
  - Añadir ingresos a cada cuenta.
  - Mostrar el saldo de cada cuenta.
  - Realizar una transferencia de dinero de una cuenta a otra utilizando un método estático.
  - Mostrar los saldos de las cuentas después de la transferencia.

3. **Método estático transferencia:**

- Debe pertenecer a la clase Nuevos_Clientes.
- Debe recibir como parámetros dos objetos de CuentaCorriente (cuentaOrigen y cuentaDestino) y una cantidad a transferir.
- Debe retirar la cantidad especificada de cuentaOrigen y añadirla a cuentaDestino.

Solución

Aquí tienes el código de ejemplo que cumple con los requisitos descritos:

```
package apellido.nombre.poo;

import java.util.Random;

public class Nuevos_Clientes {

    public static void main(String[] args) {
```

```java
        // Crear instancias de CuentaCorriente
        CuentaCorriente cliente1 = new
CuentaCorriente("Rebeca");
        CuentaCorriente cliente2 = new
CuentaCorriente("Arturo");

        // Añadir ingresos a las cuentas
        cliente1.setIngreso(100.00);
        System.out.println(cliente1.getSaldo());

        cliente2.setIngreso(800.00);
        System.out.println(cliente2.getSaldo());

        // Realizar una transferencia de cliente2 a
cliente1
        transferencia(cliente2, cliente1, 100.00);

        // Mostrar los saldos después de la
transferencia
        System.out.println(cliente1.getSaldo());
        System.out.println(cliente2.getSaldo());
    }

    // Método estático para realizar una
transferencia entre cuentas
    public static void transferencia(CuentaCorriente
cuentaOrigen, CuentaCorriente cuentaDestino, double
cantidad) {
        cuentaOrigen.setReintegro(cantidad);
        cuentaDestino.setIngreso(cantidad);
    }
}

class CuentaCorriente {
    private String nombre_titular;
    private double saldo;
    private long numero_cuenta;

    public CuentaCorriente(String nombre_titular) {
        this.nombre_titular = nombre_titular;
        this.saldo = 0;
        this.numero_cuenta = generarNumeroCuenta();
    }
```

```java
    // Método para generar un número de cuenta
aleatorio de 16 dígitos
    private long generarNumeroCuenta() {
        Random random = new Random();
        return 1000000000000000L + (long)
(random.nextDouble() * 8999999999999999L);
    }

    public void setIngreso(double ingreso) {
        saldo += ingreso;
    }

    public void setReintegro(double reintegro) {
        saldo -= reintegro;
    }

    public String getSaldo() {
        return "El saldo de la cuenta de " +
nombre_titular + " es " + saldo + " euros";
    }

    public String getDatosCuenta() {
        return "Titular: " + nombre_titular + "\n" +
                "Saldo: " + saldo + "€\n" +
                "Número de cuenta: " + numero_cuenta;
    }
}
```

22. Herencia

La herencia en programación imita la herencia en la vida real. Imaginemos una familia con un abuelo, un padre y varios hijos. Cada uno tiene sus propias propiedades, pero las propiedades del abuelo se heredan por el padre, y las propiedades del padre se heredan por los hijos. De esta manera, los hijos terminan con sus propias propiedades más las heredadas del padre y del abuelo.

Ejemplo de Aplicación Java Utilizando Herencia

Imaginemos una aplicación Java que represente una familia con abuelos, padres e hijos, cada uno con una serie de comportamientos y propiedades. Podríamos crear una clase por cada objeto: una clase Abuelo, una clase Padre y una clase Hijo. Luego, crearíamos instancias de estas clases.

Sin embargo, esto podría llevar más tiempo del necesario. Utilizando la herencia, podemos optimizar el proceso.

Características Comunes

Todos los objetos (Abuelo, Padre e Hijo) tienen características comunes:

- Nombre
- Género
- Edad
- Lugar de residencia

Todos ellos tienen también comportamientos comunes:

- Comer
- Dormir
- Hablar
- Moverse

Cada uno tienen propiedades y comportamientos no comunes

- Estar jubilado

- Trabajar

- Ir a la escuela

La herencia permite que una clase (subclase o clase derivada) herede propiedades y métodos de otra clase (superclase o clase base), aumentando la eficiencia y cohesión del código.

Ventajas de la herencia:

- Reutilización del código
- Facilita la extensión y mantenimiento del código
- Permite crear relaciones jerárquicas entre clases

Creación de Clases con Herencia

Si creamos las clases sin herencia, tendríamos que definir estas propiedades y comportamientos comunes en cada clase, lo cual sería repetitivo y poco eficiente. Sin embargo al heredarlas, solo hay que construir las propiedades propias, no comunes.

Ejemplo práctico de herencia

```java
package apellido.nombre.poo;

import java.util.GregorianCalendar;

public class GestionEmpleados {

    public static void main(String[] args) {
        Empleados Antonio=new Empleados("Antonio", 2300.5, 2005, 7, 15);
        Jefes Ana=new Jefes("Ana", 2900, 2008, 8, 9);

        // Objeto Ana de Jefes puede usar método de Empleados
        System.out.println(Ana.getSueldo());
    }
}

class Empleados {
        private static int contadorId = 0
```

```java
        private double sueldo;
        private final int id;
        private final String nombre;
        GregorianCalendar calendario;


        // Constructor de la clase Empleado
        public Empleados(String nombre, double
sueldo, int agno, int mes, int dia) {
                this.id = ++contadorId;
                this.nombre = nombre;
                this.sueldo=sueldo;
                calendario=new GregorianCalendar(agno,
mes, dia);
        }

        // Método para obtener el id siguiente
        public static String getIdSiguiente() {
                return "El id siguiente es " +
(contadorId + 1);
        }

        // Método getter
        public String getDatosEmpleado() {
                return "El empleado " + nombre + " (tiene
el ID: " + id;
        }

        public double getSueldo() {
                return sueldo;
        }

        public GregorianCalendar getFechaAlta() {
                return calendario;
        }

        // Método setter
        public void setSubeSueldo(double porcentaje){
                double aumento=sueldo*porcentaje/100;
                sueldo+=aumento;
        }
    }

    // Indicamos que la Clase Jefes hereda de la
clase Empleados
```

```
class Jefes extends Empleados{

    public Jefes(String nombre, double sueldo, int
agno, int mes, int dia) {
    super(nombre, sueldo, agno, mes, dia);
    }

}
```

En el método main, creamos dos instancias. La primera es un objeto Antonio de la clase Empleados, utilizando el constructor de Empleados que requiere nombre, sueldo, y fecha de alta. La segunda es un objeto Ana de la clase Jefes, que en este momento no hereda de Empleados.

Para que Jefes herede de Empleados, utilizamos la palabra reservada extends. Esto se hace de la siguiente manera:

```
class Jefes extends Empleados {
    public Jefes(String nombre, double sueldo, int
agno, int mes, int dia) {
        super(nombre, sueldo, agno, mes, dia);
    }
}
```

Con esta simple instrucción, Jefes hereda todos los métodos públicos y el constructor de Empleados. Eclipse marca un error en la clase Jefes porque, al heredar el constructor, debemos indicarle que utilice el constructor de la clase padre. Esto se hace con la palabra super, que llama al constructor de la superclase Empleados y pasa los mismos parámetros necesarios.

Así, hemos creado una clase Jefes que hereda todas las funcionalidades de Empleados con muy poco código adicional. Este es el poder de la herencia en Java, que permite reutilizar y extender el código de manera eficiente.

Identificar Clases y Relaciones

Diseñar la herencia de clases en un programa de Java puede ser un proceso complejo, pero hay varias técnicas y mejores prácticas que pueden ayudarte a crear una jerarquía de clases efectiva y mantenible.

Antes de comenzar a diseñar la herencia, es crucial entender completamente el dominio del problema. Esto implica conocer los requisitos del sistema y cómo los diferentes componentes interactúan entre sí.

Análisis de Clases

Comienza identificando las clases principales en tu sistema. Piensa en los objetos del mundo real que tu programa debe modelar y enumera sus atributos y comportamientos.

Relaciones entre Clases

Determina cómo estas clases se relacionan entre sí. Hay tres tipos principales de relaciones que debes considerar:

- **Generalización/especialización (herencia)**: Cuando una clase es una versión más específica de otra. Por ejemplo, Coche es una especialización de Vehiculo.
- **Agregación/composición**: Cuando una clase está compuesta de una o más instancias de otras clases. Por ejemplo, Coche tiene un Motor.

- **Asociación**: Cuando una clase usa o se relaciona con otra. Por ejemplo, Cliente alquila un Coche.

23. Sobreescritura de métodos

Profundicemos en la herencia y veamos el fenómeno de la sobrescritura de métodos.

Si creamos dos clases, Jefes y Empleados, es porque entendemos que un jefe no es exactamente lo mismo que un empleado. Si fueran lo mismo, usaríamos solo la clase Empleados para crear ambos tipos de objetos. Esto implica que hay al menos un elemento diferenciador entre un jefe y un empleado. En nuestro ejemplo, ese elemento diferenciador será un incentivo: los jefes pueden recibir incentivos además del salario, mientras que los empleados no.

Para implementar esto, primero crearemos una variable en la clase Jefes para almacenar el incentivo. Luego, crearemos un método que permita establecer ese incentivo.

```
class Jefes extends Empleados {
    private double incentivo;

    public Jefes(String nombre, double sueldo, int
agno, int mes, int dia) {
        super(nombre, sueldo, agno, mes, dia);
    }

    public void setIncentivo(double incentivo) {
        this.incentivo = incentivo;
    }

    public double getSueldo() {
        return super.getSueldo() + incentivo;
```

```
    }
}
```

Con esto, hemos añadido un nuevo comportamiento a la clase Jefes, permitiendo que los jefes reciban un incentivo además de su salario base. El método getSueldo en la clase Jefes sobrescribe el método heredado de Empleados, sumando el incentivo al salario base.

La sobrescritura de métodos ocurre cuando una clase hija redefine un método de la clase padre. Esto invalida el método heredado, y el método redefinido en la clase hija es el que se utiliza. En Eclipse, esto se indica con un triángulo verde junto al método sobrescrito.

Por ejemplo, al crear una instancia de Jefes y establecer un incentivo:

```java
public class GestionEmpleados {
    public static void main(String[] args) {
        Empleados Antonio = new Empleados("Antonio",
2300.5, 2005, 7, 15);
        Jefes Ana = new Jefes("Ana", 2900, 2008, 8,
9);
        Ana.setIncentivo(300.5);
        System.out.println("Sueldo de Ana: " +
Ana.getSueldo());
    }
}
```

Cuando ejecutamos este programa, el método getSueldo de Ana (objeto de la clase Jefes) devolverá el salario base más el incentivo, mientras que el método getSueldo de Antonio (objeto de la clase Empleados) solo devolverá el salario base. Esto demuestra cómo la herencia y la sobrescritura de métodos nos permiten extender y modificar el comportamiento de las clases en Java de manera eficiente.

Cadena de herencia

En el ejemplo que hemos estado utilizando con las clases Empleados y Jefes, tenemos tres clases, de las cuales dos forman parte de una cadena de herencia: la clase Jefes hereda de Empleados. Esta es una cadena de herencia corta, pero ¿qué ocurre si añadimos más clases a esta cadena, donde cada clase hereda de la anterior? Por ejemplo, una tercera llamada Director

En esta cadena de herencia, un objeto de clase Director puede usar todos los métodos heredados de la clase Jefes y de la Clase Empleados, además de los suyos propios.

Clase Object

Cuando trabajamos con una cadena de herencia, la clase principal en la cúspide de la jerarquía es la clase Object, de la cual todas las clases de Java heredan. Esto significa que cualquier objeto creado en Java tiene acceso a los métodos de la clase Object, como toString(), equals(), hashCode(), entre otros.

Por ejemplo, si miramos la jerarquía de una clase en la API de Java, siempre veremos que, en última instancia, hereda de Object. Esto se aplica tanto a las clases predefinidas de la API como a las clases que creamos nosotros mismos. La clase Object es conocida como la "superclase cósmica" porque está en la parte superior de la jerarquía de herencia de todas las clases de Java.

Además, en Java no existe la herencia múltiple, lo que significa que una clase no puede heredar de más de una clase a la vez. Sin embargo, se pueden implementar múltiples interfaces para lograr una funcionalidad similar.

Finalmente, podemos interrumpir una cadena de herencia utilizando la palabra clave final. Esto evita que una clase sea heredada por otra clase.

```
final class ClaseFinal extends Clase3 {
    // Esta clase no puede ser heredada.
}
```

Si intentamos heredar de ClaseFinal, Eclipse marcará un error, indicando que no se puede extender una clase final.

Esto cubre los conceptos básicos de la cadena de herencia, la clase Object, y cómo funciona la herencia en Java. Continuaremos explorando estos conceptos y otros aspectos avanzados de la programación orientada a objetos en los próximos capítulos.

Modificadores de Acceso en Java

Tenemos cuatro modificadores disponibles: public, protected, private y default. Dependiendo del modificador aplicado a una variable, constante, método o clase, estos elementos serán accesibles de diferentes formas en nuestros programas.

1. **Public (public)**: Es el modificador más permisivo. Un elemento declarado como public es accesible desde cualquier lugar, ya sea dentro de su propia clase, desde cualquier clase en el mismo paquete, desde cualquier

subclase (esté o no en el mismo paquete), y desde cualquier clase en otros paquetes.

2. **Private (private)**: Es el modificador más restrictivo. Un elemento declarado como private solo es accesible dentro de su propia clase. No se puede acceder a él desde otras clases del mismo paquete, subclases, ni desde clases en otros paquetes.

3. **Protected (protected)**: Un elemento protected es accesible desde:

   - Su propia clase.
   - Cualquier clase en el mismo paquete.
   - Subclases, ya sea en el mismo paquete o en un paquete diferente. Sin embargo, no es accesible desde una clase en un paquete diferente si no hay relación de herencia.

4. **Default (default)**: También conocido como "package-private" o "sin modificador", es el modificador por defecto cuando no se especifica ninguno. Un elemento con acceso default es accesible desde:

   - Su propia clase.
   - Cualquier clase en el mismo paquete. No es accesible desde subclases en otros paquetes ni desde cualquier clase en otros paquetes, aunque haya relación de herencia.

Modificador	Misma Clase	Mismo Paquete	Subclase (Mismo Paquete)	Subclase (Otro Paquete)	Cualquier Lugar
public	Sí	Sí	Sí	Sí	Sí
private	Sí	No	No	No	No
protected	Sí	Sí	Sí	Sí	No
default	Sí	Sí	Sí	No	No

24. Polimorfismo

El polimorfismo es uno de los cuatro pilares fundamentales de la programación orientada a objetos (POO), junto con la encapsulación, la herencia y la abstracción. La palabra "polimorfismo" proviene del griego y significa "muchas formas". En el contexto de la POO, el polimorfismo permite que los objetos de diferentes clases se traten como objetos de una clase común.

Vamos a ilustrar el concepto de polimorfismo utilizando el archivo GestionEmpleados. Despleguemos tanto la clase Empleados como la clase Jefes para ver todos sus métodos.

Crear Instancias y Almacenar en un Array

Primero, en el método main, creamos información para cuatro empleados y los almacenamos en un array:

```
Empleados[] losEmpleados = new Empleados[4];
losEmpleados[0] = new Empleados("Antonio", 2300,
2005, 7, 15);
losEmpleados[1] = new Empleados("Carlos", 5000, 2007,
6, 5);
```

```
losEmpleados[2] = new Empleados("María", 2500, 2006,
11, 17);
losEmpleados[3] = new Empleados("Ana", 7000, 2009, 5,
3);
```

Usamos un bucle foreach para obtener la información de estos empleados:

```
for (Empleados emp : losEmpleados) {
    System.out.println(emp.getDatosEmpleado() + ",
Salario: " + emp.getSueldo());
}
```

Añadir un Objeto de Tipo Jefe al Array de Empleados

Crearemos un nuevo objeto de tipo Jefe y lo almacenaremos en el array de Empleados:

```
Jefes Juan = new Jefes("Juan", 8000, 2013, 8, 5);
```

Ampliamos el array a cinco elementos y añadimos a Juan:

```
Empleados[] losEmpleados = new Empleados[5];

losEmpleados[3] = new Empleados("Ana", 7000, 2009, 5,
3);

losEmpleados[4] = Juan;
```

Principio de Sustitución de Liskov (Liskov Substitution Principle - LSP)

El Principio de Sustitución de Liskov (LSP) es uno de los principios fundamentales en el diseño de software orientado a objetos, introducido por Barbara Liskov en 1987. Este

principio forma parte de los cinco principios SOLID que
buscan mejorar la calidad y mantenibilidad del código.

Definición del Principio de Sustitución de Liskov

El principio establece que:

> "Los objetos de una clase derivada deben ser
> sustituibles por objetos de su clase base sin alterar
> el comportamiento correcto del programa."

En otras palabras, si una clase S es una subclase de una clase
T, entonces los objetos de tipo T pueden ser reemplazados
por objetos de tipo S sin afectar la funcionalidad del
programa.

El principio de sustitución permite almacenar un objeto de
tipo Jefes en un array de tipo Empleados porque un Jefe
siempre es un Empleado. Sin embargo, a la inversa no podría
ser. Un array de tipo Jefes no puede almacenar un objeto de
tipo Empleados porque no todos los empleados son jefes. En
la jerarquía de clases, un Jefe es una especialización de
Empleado, pero no todos los empleados cumplen con los
criterios para ser considerados jefes.

Para imprimir la información en consola, usamos el mismo
bucle foreach:

```
for (Empleados emp : losEmpleados) {
    System.out.println(emp.getDatosEmpleado() + ",
Salario: " + emp.getSueldo());
}
```

Si además queremos ver el salario con incentivo, lo establecemos antes de imprimir:

```
Juan.setIncentivo(200);
```

El método getSueldo en la clase Jefes devuelve el salario más el incentivo, gracias al polimorfismo y el enlazado dinámico. Aunque la variable emp es de tipo Empleados y, por tanto, su método getSueldo es sin incentivo, puede utilizar el método getSueldo con incentivo de la clase Jefes debido a estos conceptos.

```
public double getSueldo() {
    return super.getSueldo() + incentivo;
}
```

Enlazado dinámico

El polimorfismo permite que un objeto tome múltiples formas, dependiendo del contexto. El enlazado dinámico permite que Java determine en tiempo de ejecución qué método debe llamar, si al de Empleados o al de Jefes.

Estos conceptos, el polimorfismo y el enlazado dinámico, se utilizan frecuentemente en cualquier programa en Java.

25. Casting de objetos

En esta lección, vamos a seguir hablando de programación orientada a objetos y nos centraremos en el casting de objetos. Ya hemos visto anteriormente en el curso cómo realizar casting en tipos primitivos, como almacenar un dato de tipo double en una variable de tipo int. El casting de objetos es similar: consiste en almacenar una variable objeto de un tipo en una variable de otro tipo diferente. Esto es una operación que necesitaremos hacer con frecuencia al programar aplicaciones en Java y tiene la ventaja de que puedes utilizar métodos y campos de la clase a la que estás haciendo el casting.

Vamos a ver esto con un ejemplo usando nuestra aplicación GestionEmpleados, que incluye las clases Empleados y Jefes.

Upcasting

Anteriormente, creamos un array de tipo Empleados y almacenamos diferentes objetos de tipo Empleados en él. En la última posición del array, almacenamos un objeto de tipo Jefes gracias al principio de sustitución: un Jefe siempre es un Empleado, lo que nos permite realizar este tipo de operaciones. Esto se denomina upcasting o casting implícito.

```
Empleados[] losEmpleados = new Empleados[5];
losEmpleados[0] = new Empleados("Antonio", 2300,
2005, 7, 15);
losEmpleados[1] = new Empleados("Carlos", 5000, 2007,
6, 5);
losEmpleados[2] = new Empleados("María", 2500, 2006,
11, 17);
losEmpleados[3] = new Empleados("Ana", 7000, 2009, 5,
3);
losEmpleados[4] = new Jefes("Juan", 8000, 2013, 8,
5); // Upcasting
```

¿Qué sucede si intentamos hacer lo contrario, es decir, almacenar un objeto de la superclase Empleados en una variable de la subclase Jefes? Esto se denomina downcasting y no es permitido implícitamente por Java, ya que no todos los Empleados son Jefes.

```
Empleados emp = new Empleados("Luis", 3000, 2010, 4,
21);
Jefes jefe = (Jefes) emp; // Downcasting explícito
```

Este código compilará, pero lanzará una excepción en tiempo de ejecución (ClassCastException) si emp no es en realidad un objeto de tipo Jefes.

Downcasting

A veces, necesitamos hacer downcasting para **acceder a métodos específicos de la subclase**. Supongamos que queremos establecer un incentivo para un objeto de tipo Jefes almacenado en un array de Empleados.

```
losEmpleados[5] = new Jefes("Isabel", 8000, 2007, 4,
2);

// Downcasting explícito
Jefes isabel = (Jefes) losEmpleados[5];
isabel.setIncentivo(500);

for (Empleados emp : losEmpleados) {
    System.out.println(emp.getDatosEmpleado() + ",
Salario: " + emp.getSueldo());
}
```

Conceptos clave

- **Upcasting**: Almacenar una variable de una subclase en una variable de su superclase. Esto es seguro y se hace implícitamente.

184

- **Downcasting**: Almacenar una variable de una superclase en una variable de su subclase. Esto requiere un casting explícito y puede lanzar excepciones en tiempo de ejecución si no se maneja correctamente.

Ejercicio: Sistema de Gestión de Vehículos

Objetivo

Practicar el uso de herencia y polimorfismo en Java mediante la creación de un sistema de gestión de vehículos.

Descripción

Vas a crear un sistema que gestione diferentes tipos de vehículos. Para ello, seguirás los siguientes pasos:

1. **Crear una clase base Vehiculo**:

   - Atributos: marca, modelo, año.
   - Métodos: getDetalles(), que devuelva una cadena con los detalles del vehículo.

2. **Crear clases derivadas Coche y Moto** que hereden de Vehiculo:

   - Clase Coche:
     - Atributo adicional: numPuertas.
     - Sobrescribir getDetalles() para incluir el número de puertas.
   - Clase Moto:
     - Atributo adicional: tipoMoto (ej: "Deportiva", "Cruiser").

- Sobrescribir getDetalles() para incluir el tipo de moto.

3. **Crear una clase GestorVehiculos con un método main** que haga lo siguiente:

    - Crear un array de Vehiculo y almacenar en él varios objetos Coche y Moto.
    - Recorrer el array y llamar al método getDetalles() de cada vehículo, mostrando la información por consola.
    - Implementar un método que acepte un Vehiculo y determine si es un Coche o una Moto, utilizando downcasting si es necesario para acceder a los atributos específicos.

Solución:

```java
// Clase base Vehiculo
class Vehiculo {
    protected String marca;
    protected String modelo;
    protected int año;

    public Vehiculo(String marca, String modelo, int año) {
        this.marca = marca;
        this.modelo = modelo;
        this.año = año;
    }

    public String getDetalles() {
        return "Marca: " + marca + ", Modelo: " +
modelo + ", Año: " + año;
    }
}

// Clase derivada Coche
```

```java
class Coche extends Vehiculo {
    private int numPuertas;

    public Coche(String marca, String modelo, int
año, int numPuertas) {
        super(marca, modelo, año);
        this.numPuertas = numPuertas;
    }

    @Override
    public String getDetalles() {
        return super.getDetalles() + ", Número de
Puertas: " + numPuertas;
    }
}

// Clase derivada Moto
class Moto extends Vehiculo {
    private String tipoMoto;

    public Moto(String marca, String modelo, int año,
String tipoMoto) {
        super(marca, modelo, año);
        this.tipoMoto = tipoMoto;
    }

    @Override
    public String getDetalles() {
        return super.getDetalles() + ", Tipo de Moto:
" + tipoMoto;
    }
}

// Clase GestorVehiculos con el método main
public class GestorVehiculos {
    public static void main(String[] args) {
        Vehiculo[] vehiculos = new Vehiculo[4];
        vehiculos[0] = new Coche("Toyota", "Corolla",
2020, 4);
        vehiculos[1] = new Moto("Yamaha", "MT-07",
2019, "Deportiva");
        vehiculos[2] = new Coche("Honda", "Civic",
2018, 2);
        vehiculos[3] = new Moto("Harley-Davidson",
"Street 750", 2021, "Cruiser");
```

```java
        for (Vehiculo vehiculo : vehiculos) {

System.out.println(vehiculo.getDetalles());
        }

        System.out.println();

        // Determinar tipo de vehículo
        for (Vehiculo vehiculo : vehiculos) {
            determinarTipoVehiculo(vehiculo);
        }
    }

    public static void
determinarTipoVehiculo(Vehiculo vehiculo) {
        if (vehiculo instanceof Coche) {
            Coche coche = (Coche) vehiculo;
            System.out.println("Este es un coche con
" + coche.getDetalles());
        } else if (vehiculo instanceof Moto) {
            Moto moto = (Moto) vehiculo;
            System.out.println("Esta es una moto de
tipo " + moto.getDetalles());
        }
    }
}
```

La palabra reservada final en clases y métodos

Continuamos hablando de programación orientada a objetos y, en esta ocasión, nos centraremos en las clases y métodos final.

Para explicar las clases y métodos final, vamos a seguir trabajando con nuestra aplicación de Empleados y Jefes. Actualmente, tenemos una jerarquía de herencia con

Empleados como superclase y Jefes como subclase. Podríamos seguir extendiendo esta jerarquía hacia abajo si fuera necesario.

Imaginemos que necesitamos crear una clase Directores que herede de Jefes. También podríamos crear una clase Presidente que herede de Directores, y así sucesivamente. En Java, no hay un límite en la profundidad de la jerarquía de herencia; puedes crear una jerarquía tan larga como sea necesario.

Crear una clase Directores

Vamos a crear una clase Directores que herede de Jefes:

```
class Directores extends Jefes {
    public Directores(String nombre, double sueldo,
int agno, int mes, int dia) {
        super(nombre, sueldo, agno, mes, dia);
    }
}
```

Con esto, nuestra jerarquía de herencia es ahora más larga: Empleados -> Jefes -> Directores. A medida que descendemos en la jerarquía, las clases se vuelven más funcionales y específicas, ya que heredan métodos y campos de todas las superclases.

Impedir la herencia con final

Hay ocasiones en las que queremos impedir que otras clases hereden de una clase específica. Para ello, usamos el modificador final. Por ejemplo, si no queremos que nadie herede de la clase Jefes, podemos declararla como final:

```
final class Jefes extends Empleados {
    // Constructor y métodos
}
```

Esto detiene la cadena de herencia. Eclipse marcará un error si intentamos que Directores herede de Jefes:

```
class Directores extends Jefes {  // Error: Cannot
inherit from final class 'Jefes'
    // Constructor y métodos
}
```

Métodos final

También podemos usar el modificador final en métodos para impedir que sean sobrescritos por las subclases. Por ejemplo, si no queremos que el método getSueldo de la clase Empleados sea sobrescrito, lo declaramos como final:

```
class Empleados {
    // Otros campos y métodos

    public final double getSueldo() {
        return sueldo;
    }
}
```

Si una subclase como Jefes intenta sobrescribir este método, Eclipse marcará un error:

```
class Jefes extends Empleados {
    @Override
    public double getSueldo() {  // Error: Cannot
override the final method from Empleados
        return super.getSueldo() + incentivo;
    }
```

```
}
```

Resumen

- **Clases final**: Impiden que otras clases hereden de ellas, deteniendo la cadena de herencia.
- **Métodos final**: Impiden que las subclases sobrescriban estos métodos, asegurando que el comportamiento definido en la superclase no se cambie.

Estas herramientas son útiles cuando quieres mantener la integridad de tu diseño de clases y evitar que otros programadores extiendan o modifiquen ciertas partes de tu código de manera no deseada.

26. Clases Abstractas

Vamos a abordar el tema de las clases abstractas. En nuestra aplicación de empleados, tenemos tres clases que representan una jerarquía: Empleados, Jefes y Directores. A medida que bajamos en la jerarquía de herencia, las clases se vuelven más específicas y funcionales. Por ejemplo, la clase Directores heredaría todos los métodos y campos de Jefes, que a su vez hereda de Empleados, haciendo que Directores sea la más funcional y específica de las tres.

Movimiento hacia arriba en la jerarquía de herencia

Si nos movemos hacia arriba en la jerarquía de herencia, encontramos que las clases se vuelven menos específicas y más abstractas. Por ejemplo, podríamos crear una clase Persona que estaría por encima de Empleados en la jerarquía. Utilizando el principio de sustitución ("es un"), sabemos que un Director siempre es una Persona, al igual que un Jefe y un Empleado también lo son. Esto hace que el diseño de la jerarquía sea correcto.

Métodos en clases abstractas

Supongamos que tenemos un método llamado setSubeSueldo en la clase Empleados que permite subir el sueldo. Este método tiene sentido para Empleados, Jefes y Directores, pero no tendría sentido en la clase Persona, ya que no todas las personas tienen sueldo. Por otro lado, un método getNombre tendría sentido en la clase Persona, ya que todas las personas tienen un nombre.

Introducción a métodos y clases abstractas

¿Qué pasa si queremos un método getDescripcion que sea capaz de dar una descripción diferente para cada clase (Empleado, Jefe, Director, Persona)? Aquí es donde entra en juego el concepto de métodos abstractos.

Declaración de un método abstracto

Un método abstracto se declara en una clase abstracta y no tiene implementación, por lo que tiene cierre ; en vez de llaves { }. Por ejemplo, en la clase Persona podríamos tener:

```
abstract class Persona {
    public abstract String getDescripcion();
}
```

Esto obliga a todas las subclases de Persona a implementar el
método getDescripcion. Cada subclase proporcionará su
propia implementación del método.

Clase abstracta

Una clase abstracta es aquella que tiene al menos un método
abstracto. Debe ser declarada con la palabra clave abstract.
Por ejemplo:

```
abstract class Persona {
    public abstract String getDescripcion();
    public String getNombre() {
        return nombre;
    }
}
```

Importancia de las clases abstractas

Las clases y métodos abstractos marcan la pauta a seguir en
el diseño de la herencia y garantiza que todos los
programadores implementen ciertos métodos esenciales. Si
una clase hereda de una clase abstracta y no implementa los
métodos abstractos, el entorno de desarrollo como Eclipse
marcará un error, y el código no compilará hasta que se
corrija.

Ejemplo práctico

Vamos a crear un nuevo paquete para evitar conflictos de nombres: apellido.nombre.pooAbstractas. Dentro de él creamos una nueva clase llamada **Personas**.

```java
package nombre.apellido.pooAbstractas;

import java.util.Date;

abstract class Personas {
    private String nombre;

    public Personas(String nombre) {
        this.nombre = nombre;
    }

    public String getNombre() {
        return nombre;
    }

    public abstract String getDescripcion();
}
```

En la clase Personas, hemos definido un método normal getNombre y un método abstracto getDescripcion. La clase es abstracta porque tiene al menos un método abstracto.

Clase Empleados que hereda de Personas

Ahora, creamos la clase Empleados que hereda de Personas. Esta obligatoriamente ha de tener el método abstracto getDescripción.

```java
public class Empleados extends Personas {
    private double sueldo;
    private Date fechaAlta;

    public Empleados(String nombre, double sueldo,
Date fechaAlta) {
```

194

```
        super(nombre);
        this.sueldo = sueldo;
        this.fechaAlta = fechaAlta;
    }

    @Override
    public String getDescripcion() {
        return "El empleado " + getNombre() + " tiene
un sueldo de " + sueldo + " y entró a trabajar en " +
fechaAlta;
    }
}
```

En esta clase, hemos sobrescrito el método getDescripcion para proporcionar una descripción específica del empleado. Además, hemos agregado campos para el sueldo y la fecha de alta, y los hemos inicializado en el constructor.

Clase Jefes que hereda de Empleados

Continuamos con la clase Jefes que hereda de Empleados. Puede utilizar y sobrescribir el método getDescripcion que hereda de Empleados, pero como no hereda directamente de Personas no está obligada a utilizarlo.

```
public class Jefes extends Empleados {
    private double incentivo;

    public Jefes(String nombre, double sueldo, Date
fechaAlta, double incentivo) {
        super(nombre, sueldo, fechaAlta);
        this.incentivo = incentivo;
    }

    @Override
    public String getDescripcion() {
        return "El jefe " + getNombre() + " tiene un
sueldo de " + getSueldo() + " con un incentivo de " +
incentivo + " y entró a trabajar en " +
getFechaAlta();
```

```
    }

    public double getSueldo() {
        return super.getSueldo() + incentivo;
    }

    public Date getFechaAlta() {
        return super.getFechaAlta();
    }
}
```

En esta clase, hemos sobrescrito el método getDescripcion para proporcionar una descripción específica del jefe. También hemos añadido un campo incentivo y un método para obtener el sueldo total que incluye el incentivo.

Clase Alumnos que hereda de Personas

Finalmente, creamos la clase Alumnos que hereda de Personas y que, por tanto, está obligada a utilizar y sobrescribir el método getDescripcion.

```
public class Alumnos extends Personas {
    private String asignaturaOptativa;
    private String aula;

    public Alumnos(String nombre, String 
asignaturaOptativa, String aula) {
        super(nombre);
        this.asignaturaOptativa = asignaturaOptativa;
        this.aula = aula;
    }

    @Override
    public String getDescripcion() {
        return "El alumno " + getNombre() + " está en 
el aula " + aula + " y tiene la asignatura optativa "
+ asignaturaOptativa;
    }
}
```

En esta clase, hemos sobrescrito el método getDescripcion
para proporcionar una descripción específica del alumno.
También hemos añadido campos para la asignatura optativa y
el aula, y los hemos inicializado en el constructor.

Clase Principal GestionPersonas

Finalmente, creamos la clase principal GestionPersonas con el
método main.

```java
package apellido.nombre.pooAbstractas;

import java.util.Date;

public class GestionPersonas {
    public static void main(String[] args) {
        Empleados emp1 = new Empleados("Ana", 25000,
new Date(2020, 7, 15));
        Jefes jefe1 = new Jefes("Carlos", 40000, new
Date(2018, 5, 10), 5000);
        Alumnos alumno1 = new Alumnos("Pedro",
"Matemáticas", "Aula 101");

        System.out.println(emp1.getDescripcion());
        System.out.println(jefe1.getDescripcion());
        System.out.println(alumno1.getDescripcion());
    }
}
```

En esta clase principal, creamos instancias de Empleados,
Jefes y Alumnos, y mostramos sus descripciones en consola.

Importante

No se puede instanciar una clase abstracta porque una clase
abstracta está diseñada para ser una clase base (o superclase)
de otras clases, no para ser utilizada directamente. Las clases
abstractas proporcionan una estructura para las subclases,

incluyendo métodos abstractos que las subclases deben implementar. La palabra "instanciar" implica que estás llamando al constructor de la clase a la que haces referencia. En este caso, al constructor de la clase abstracta. Esto no se puede hacer con las clases abstractas.

Lo que sí puedes hacer es crear variables de tipo objeto de una clase abstracta. Por ejemplo:

```
Personas Javier;
```

Eso es perfectamente posible porque no estás llamando al constructor.

Resumen

- **Clases Abstractas**: Utilizadas para definir métodos que deben ser implementados por las subclases.
- **Métodos Abstractos**: Declarados sin implementación en la clase abstracta y obligatoriamente sobrescritos en las subclases.
- **Jerarquía de Herencia**: Clases más específicas heredan métodos y campos de las clases más generales.

Conclusión

El sentido de las clases y métodos abstractos es garantizar que todas las clases en la jerarquía de herencia tengan ciertos métodos esenciales. Esto no solo organiza y estructura el código de manera eficiente, sino que también previene errores y asegura que todos los objetos puedan ser tratados de manera uniforme según la jerarquía de herencia.

Ejercicio de Práctica: Clases Abstractas en Java

Vamos a crear una aplicación Java para gestionar una biblioteca. En esta biblioteca, hay tres tipos principales de materiales: libros, revistas y periódicos. Queremos utilizar clases abstractas para definir las propiedades y métodos comunes entre estos materiales y luego crear subclases específicas para cada tipo de material.

Requisitos:

1. **Clase abstracta MaterialBiblioteca:**

   - Atributos comunes: titulo, autor, añoPublicacion.
   - Método abstracto: getDescripcion(), que devolverá una descripción del material.
   - Método: getTitulo(), que devolverá el título del material.

2. **Subclase Libro:**

   - Atributos adicionales: numeroPaginas.
   - Implementar el método getDescripcion() para devolver una descripción del libro, incluyendo el número de páginas.

3. **Subclase Revista:**

   - Atributos adicionales: numeroEdicion.
   - Implementar el método getDescripcion() para devolver una descripción de la revista, incluyendo el número de edición.

4. **Subclase Periodico**:

- Atributos adicionales: nombreEditor.
- Implementar el método getDescripcion() para devolver una descripción del periódico, incluyendo el nombre del editor.

5. **Clase Principal GestionBiblioteca**:

- Crear instancias de Libro, Revista y Periodico.
- Almacenar estas instancias en un array de MaterialBiblioteca.
- Recorrer el array y mostrar las descripciones de todos los materiales.

Solución:

```
abstract class MaterialBiblioteca {
    private String titulo;
    private String autor;
    private int añoPublicacion;

    public MaterialBiblioteca(String titulo, String
autor, int añoPublicacion) {
        this.titulo = titulo;
        this.autor = autor;
        this.añoPublicacion = añoPublicacion;
    }

    public String getTitulo() {
        return titulo;
    }

    public String getAutor() {
        return autor;
    }

    public int getAñoPublicacion() {
        return añoPublicacion;
```

```java
    }

    public abstract String getDescripcion();
}

class Libro extends MaterialBiblioteca {
    private int numeroPaginas;

    public Libro(String titulo, String autor, int
añoPublicacion, int numeroPaginas) {
        super(titulo, autor, añoPublicacion);
        this.numeroPaginas = numeroPaginas;
    }

    @Override
    public String getDescripcion() {
        return "Libro: " + getTitulo() + ", Autor: "
+ getAutor() + ", Año: " + getAñoPublicacion() + ",
Páginas: " + numeroPaginas;
    }
}

class Revista extends MaterialBiblioteca {
    private int numeroEdicion;

    public Revista(String titulo, String autor, int
añoPublicacion, int numeroEdicion) {
        super(titulo, autor, añoPublicacion);
        this.numeroEdicion = numeroEdicion;
    }

    @Override
    public String getDescripcion() {
        return "Revista: " + getTitulo() + ", Autor:
" + getAutor() + ", Año: " + getAñoPublicacion() + ",
Edición: " + numeroEdicion;
    }
}

class Periodico extends MaterialBiblioteca {
    private String nombreEditor;

    public Periodico(String titulo, String autor, int
añoPublicacion, String nombreEditor) {
        super(titulo, autor, añoPublicacion);
```

```java
        this.nombreEditor = nombreEditor;
    }

    @Override
    public String getDescripcion() {
        return "Periódico: " + getTitulo() + ", 
Autor: " + getAutor() + ", Año: " + 
getAñoPublicacion() + ", Editor: " + nombreEditor;
    }
}

public class GestionBiblioteca {
    public static void main(String[] args) {
        MaterialBiblioteca[] materiales = new 
MaterialBiblioteca[3];

        materiales[0] = new Libro("El Quijote", 
"Miguel de Cervantes", 1605, 500);
        materiales[1] = new Revista("National 
Geographic", "Varios Autores", 2021, 200);
        materiales[2] = new Periodico("El País", 
"Varios Autores", 2022, "Juan López");

        for (MaterialBiblioteca material : 
materiales) {

System.out.println(material.getDescripcion());
        }
    }
}
```

27. Interfaces

Vamos a abordar el concepto de interfaces. Si has entendido las clases abstractas y su propósito, entenderás fácilmente las interfaces. Una interfaz es similar a una clase abstracta en el sentido de que **define directrices que deben cumplir** las clases que las implementan. Las interfaces son colecciones de métodos abstractos y propiedades constantes. Especifican

qué se debe hacer, pero **no cómo** se debe hacer. Las clases que implementan estas interfaces describen la lógica del comportamiento de los métodos definidos en la interfaz.

Diferencia entre clases abstractas e interfaces:

- **Clases abstractas**: Marcan el diseño de la herencia y el comportamiento de las clases que heredan de ellas. Sin embargo, en Java, una clase solo puede heredar de una única clase (herencia simple).
- **Interfaces**: Solucionan el problema de la herencia simple en Java. Una clase puede implementar múltiples interfaces, permitiendo definir múltiples comportamientos sin las limitaciones de la herencia simple.

Ejemplo Práctico

Supongamos que tenemos una clase abstracta Persona y dos subclases Empleado y Alumno que heredan de Persona. La clase Persona tiene un método abstracto getDescripcion(), que las subclases deben implementar. Ahora, queremos **añadir comportamientos adicionales** exclusivamente a la clase Jefe, que hereda de Empleado. Queremos que un Jefe pueda establecer y devolver un cargo (por ejemplo, "Director de Recursos Humanos").

Problema: No podemos obligar a que solo Jefe tenga estos métodos si los definimos en Persona o Empleado, ya que eso obligaría también a Empleado y Alumno a implementarlos.

Solución: Utilizamos interfaces para definir estos métodos y obligar a que Jefe los implemente.

Cómo Crear una Interfaz en Eclipse

Haz clic derecho en el paquete donde quieres crear la interfaz. Selecciona New > Interface. En la ventana que aparece, escribe el nombre de la interfaz (por ejemplo, ParaJefes). Haz clic en Finish.

Definición de la interfaz

```
public interface ParaJefes {
     public abstract void setCargo(String cargo);
     public abstract String getCargo();
}
```

Implementación de la interfaz en la clase Jefes

```
public class Jefes extends Empleados implements
ParaJefes {
    private String cargo;

    public Jefes(String nombre, double sueldo, int
agno, int mes, int dia) {
        super(nombre, sueldo, agno, mes, dia);
    }

    @Override
    public void setCargo(String cargo) {
        this.cargo = cargo;
    }

    @Override
    public String getCargo() {
        return cargo;
    }
}
```

Clase Principal

```
public class UsoEmpleados {
```

204

```
    public static void main(String[] args) {

        Jefes Ana = new Jefes("Ana", 2900, 2008, 8,
9);
        Ana.setCargo("Directora de Recursos
Humanos");
        System.out.println("Cargo de Ana: " +
Ana.getCargo());
    }
}
```

Resumen

1. **Interfaces**: Solo contienen métodos abstractos y
   constantes. No pueden tener variables de instancia.
2. **Herencia Simple**: En Java, una clase solo puede
   heredar de una única clase.
3. **Implementación de Interfaces**: Una clase puede
   implementar múltiples interfaces, permitiendo definir
   múltiples comportamientos.
4. **Compilación**: Al compilar un programa Java, se genera
   un archivo .class por cada interfaz.
5. **No instanciables**: Las interfaces no se pueden
   instanciar directamente.

El uso de interfaces en Java nos permite superar las
limitaciones de la herencia simple, definiendo múltiples
comportamientos para nuestras clases y asegurando que las
clases que implementan una interfaz sigan un contrato
específico, facilitando así la reutilización y mantenimiento del
código.

Interfaces predefinidas

Al igual que tenemos clases predefinidas y también creamos
nuestras propias clases, lo mismo ocurre con las interfaces.

Podemos crear nuestras propias interfaces, como hemos visto, pero también podemos utilizar las interfaces que vienen incluidas en la API de Java.

Ejemplo Práctico

Seguimos trabajando en nuestro ejemplo de la clase Personas, que incluye una clase principal UsoPersonas y la interfaz ParaJefes creada anteriormente. Dentro del archivo Personas, tenemos la clase abstracta Personas y la clase Empleados.

La clase Empleados tiene un constructor y un método que devuelve la descripción del empleado, proporcionando el nombre, el salario y la fecha de alta. Desde la clase principal UsoPersonas, hemos creado una serie de empleados para utilizar sus métodos, como getNombre y getDescripcion. También hemos creado objetos de tipo Jefes, además de empleados.

Almacenamiento en Arrays

Si fuéramos a crear un gran número de empleados, lo más apropiado sería almacenarlos en un array. Vamos a crear un array de empleados:

```
Empleados[] losEmpleados = new Empleados[5];
        losEmpleados[0] = new Empleados("Juan", new
Date(202054), 2500);
        losEmpleados[1] = new Empleados("María",
new Date(202054), 1500);
        losEmpleados[2] = new Empleados("Ana", new
Date(202054), 3500);
        losEmpleados[3] = new Empleados("Sandra",
new Date(202054), 6000);
```

```
        losEmpleados[4] = new Empleados("Antonio",
new Date(202054), 2100);
```

Para ver la información de estos empleados, utilizamos un bucle foreach:

```
for (Empleados emp : losEmpleados) {
    System.out.println(emp.getDescripcion());
}
```

Ordenación de Arrays

Imaginemos que queremos que los empleados se ordenen por salario. Para ello, utilizamos la API de Java, que incluye una clase Arrays con el método sort, que permite ordenar los elementos de un array. Este método es estático, por lo que lo usamos con el nombre de la clase delante:

```
Arrays.sort(losEmpleados);
```

Para que este método funcione, los elementos del array deben implementar la interfaz Comparable. Esta interfaz tiene un método compareTo que debemos implementar.

Implementación de la Interfaz Comparable

En la clase Empleados, implementamos la interfaz Comparable:

```
public class Empleados extends Personas implements
Comparable {
    // ... otros campos y métodos ...

    @Override
     public int compareTo(Object o) {
```

```
            // Castig de objetos para poder comparar
empleados
            Empleados otroEmpleado=(Empleados)o;
            if(this.sueldo<otroEmpleado.sueldo)
return -1;
            if(this.sueldo>otroEmpleado.sueldo)
return 1;
            return 0;
        }
}
```

Se convierte el objeto genérico o en un objeto de tipo Empleados. Esta conversión es necesaria porque o es un objeto genérico y necesitamos trabajar con un objeto de tipo Empleados para poder acceder a sus atributos y métodos.

Este método compareTo compara el salario del empleado actual con el de otro empleado y devuelve un número negativo, cero o positivo, según el caso.

Uso del Método sort

Una vez implementado el método compareTo, podemos ordenar el array losEmpleados:

```
Arrays.sort(losEmpleados);
```

Herencia en Interfaces

Profundizando en el tema de las interfaces, hemos visto que estas son colecciones de métodos abstractos y propiedades constantes. Además, al igual que ocurre con las clases, las interfaces también pueden heredar de otras interfaces, creando una jerarquía de herencia de interfaces.

Vamos a imaginar que tenemos dos interfaces. Para que una interfaz herede de otra, utilizamos la palabra reservada extends, igual que con las clases. Por ejemplo, interface Dos extends Uno. Esto implica que si la interfaz Uno tiene dos métodos y la interfaz Dos tiene otros dos métodos, la interfaz Dos ahora tiene un total de cuatro métodos (los dos propios más los dos heredados).

Para implementar esta interfaz en una clase de Java, sigamos con nuestro ejemplo de empleados y jefes. Anteriormente, creamos la interfaz ParaJefes con dos métodos. Recordamos que los métodos de una interfaz son siempre public abstract por defecto.

Ahora vamos a crear una nueva interfaz llamada ParaTrabajadores que obligue a todas las clases que la implementen a establecer un bonus. Esta interfaz tendrá un método setBonus y una constante BONUS.

Definición de la interfaz ParaTrabajadores

```
public interface ParaTrabajadores {
    double setBonus(double gratificacion);
    double BONUS = 200;
}
```

Aunque no se especifiquen, los métodos y constantes en una interfaz son public, abstract, y final por defecto.

Herencia de interfaces

Vamos a hacer que la interfaz ParaJefes herede de ParaTrabajadores.

```
public interface ParaJefes extends ParaTrabajadores {
    void setCargo(String cargo);
    String getCargo();
}
```

Esto significa que `ParaJefes` ahora tiene tres métodos: `setCargo`, `getCargo`, y `setBonus`. Además, tiene la constante BONUS.

Implementación de la interfaz en la clase Jefes

```
public class Jefes extends Empleados implements
ParaJefes {
    private String cargo;

    public Jefes(String nombre, double sueldo, int
agno, int mes, int dia) {
        super(nombre, new Date(agno, mes, dia),
sueldo);
    }

    @Override
    public void setCargo(String cargo) {
        this.cargo = cargo;
    }

    @Override
    public String getCargo() {
        return cargo;
    }

    @Override
    public double setBonus(double gratificacion) {
        return BONUS + gratificacion + 2000; // Prima
adicional para jefes
    }
}
```

Implementación de la interfaz en la clase Empleados

```java
public class Empleados extends Personas implements
Comparable<Empleados>, ParaTrabajadores {
    private double sueldo;
    private Date fechaAlta;

    public Empleados(String nombre, Date fechaAlta,
double sueldo) {
        super(nombre);
        this.fechaAlta = fechaAlta;
        this.sueldo = sueldo;
    }

    @Override
    public String getDescripcion() {
        return "El empleado " + this.getNombre() +
                " tiene un sueldo de " + sueldo +
                " € y entró a trabajar en " +
fechaAlta;
    }

    @Override
    public int compareTo(Empleados otroEmpleado) {
        return Double.compare(this.sueldo,
otroEmpleado.sueldo);
    }

    @Override
    public double setBonus(double gratificacion) {
        return BONUS + gratificacion;
    }
}
```

Uso de las clases en el método main

```java
public class UsoEmpleados {
    public static void main(String[] args) {
        Empleados Antonio = new Empleados("Antonio",
new Date(2005, 7, 15), 2300.5);
        Antonio.setBonus(500); // Añadir un bonus de
500
```

211

```
        System.out.println("Sueldo total de Antonio:
" + (Antonio.getSueldo() + Antonio.setBonus(500)));

        Jefes Ana = new Jefes("Ana", 2900, 2008, 8,
9);
        Ana.setBonus(700); // Añadir un bonus de 700
        System.out.println("Sueldo total de Ana: " +
(Ana.getSueldo() + Ana.setBonus(700)));
    }
}
```

Ejercicio: Implementación de una Interfaz Vehiculo

Objetivo: El objetivo de este ejercicio es implementar una interfaz y demostrar su uso en una jerarquía de clases. Aprenderás a definir métodos en una interfaz y a implementar estos métodos en clases concretas.

Enunciado del Ejercicio:

1. **Definir la Interfaz Vehiculo:**

   - La interfaz debe contener una constante velocidadMaxima con un valor de 120.
   - La interfaz debe declarar los siguientes métodos:
     - String plazas(): debe devolver un mensaje indicando el número de plazas.
     - int acelerar(int aumentarVelocidad): debe incrementar la velocidad actual en la cantidad especificada por aumentarVelocidad y devolver la nueva velocidad. Si la velocidad resultante supera la velocidadMaxima, debe

mostrar un mensaje indicando que se ha superado la velocidad máxima.

- int frenar(int reducirVelocidad): debe reducir la velocidad actual en la cantidad especificada por reducirVelocidad y devolver la nueva velocidad.

2. **Crear las Clases que Implementen la Interfaz:**

- Crear una clase Coche que implemente la interfaz Vehiculo.
    - La clase Coche debe tener una variable para la velocidad actual y otra para el número de plazas.
    - Implementar los métodos de la interfaz en esta clase.
- Crear una clase Moto que implemente la interfaz Vehiculo.
    - La clase Moto debe tener una variable para la velocidad actual y otra para el número de plazas.
    - Implementar los métodos de la interfaz en esta clase.

3. **Crear una Clase Principal para Probar las Clases:**

- Crear una clase principal llamada GestionVehiculos que contenga el método main.
- En el método main, crear instancias de las clases Coche y Moto.
- Utilizar los métodos de las clases Coche y Moto para demostrar su funcionamiento.

- Imprimir en la consola la cantidad de plazas y los resultados de acelerar y frenar.

Solución del Ejercicio

Definición de la Interfaz Vehiculo

```
package Interfaces;

public interface Vehiculo {
    int velocidadMaxima = 120;

    String plazas();
    int acelerar(int aumentarVelocidad);
    int frenar(int reducirVelocidad);
}
```

Clase Coche

```
package Interfaces;

public class Coche implements Vehiculo {
    private int velocidadActual = 0;
    private int plazas = 5;

    @Override
    public String plazas() {
        return "El coche tiene " + plazas + "
plazas";
    }

    @Override
    public int acelerar(int aumentarVelocidad) {
        velocidadActual += aumentarVelocidad;
        if (velocidadActual > velocidadMaxima) {
            System.out.println("Se ha superado la
velocidad máxima en el coche.");
            velocidadActual = velocidadMaxima;
        }
        return velocidadActual;
```

```
        }

        @Override
        public int frenar(int reducirVelocidad) {
            velocidadActual -= reducirVelocidad;
            if (velocidadActual < 0) {
                velocidadActual = 0;
            }
            return velocidadActual;
        }
    }
```

Clase Moto

```
package Interfaces;

public class Moto implements Vehiculo {
    private int velocidadActual = 0;
    private int plazas = 2;

    @Override
    public String plazas() {
        return "La moto tiene " + plazas + " plazas";
    }

    @Override
    public int acelerar(int aumentarVelocidad) {
        velocidadActual += aumentarVelocidad;
        if (velocidadActual > velocidadMaxima) {
            System.out.println("Se ha superado la
velocidad máxima en la moto.");
            velocidadActual = velocidadMaxima;
        }
        return velocidadActual;
    }

    @Override
    public int frenar(int reducirVelocidad) {
        velocidadActual -= reducirVelocidad;
        if (velocidadActual < 0) {
            velocidadActual = 0;
        }
        return velocidadActual;
```

```
        }
}
```

Clase Principal GestionVehiculos

```
package Interfaces;

public class GestionVehiculos {
    public static void main(String[] args) {
        Vehiculo miCoche = new Coche();
        Vehiculo miMoto = new Moto();

        System.out.println(miCoche.plazas());
        System.out.println("Acelerando coche a 50: "
+ miCoche.acelerar(50));
        System.out.println("Acelerando coche a 100: "
+ miCoche.acelerar(100));
        System.out.println("Frenando coche a 20: " +
miCoche.frenar(20));

        System.out.println(miMoto.plazas());
        System.out.println("Acelerando moto a 80: " +
miMoto.acelerar(80));
        System.out.println("Acelerando moto a 50: " +
miMoto.acelerar(50));
        System.out.println("Frenando moto a 30: " +
miMoto.frenar(30));
    }
}
```

Resultado Esperado

La salida del programa debería mostrar la cantidad de plazas de cada vehículo, los resultados de acelerar y frenar, y los mensajes cuando se supera la velocidad máxima.

```
El coche tiene 5 plazas
Acelerando coche a 50: 50
Se ha superado la velocidad máxima en el coche.
Acelerando coche a 100: 120
```

```
Frenando coche a 20: 100
La moto tiene 2 plazas
Acelerando moto a 80: 80
Se ha superado la velocidad máxima en la moto.
Acelerando moto a 50: 120
Frenando moto a 30: 90
```

28. Clases Internas

En este capítulo, veremos su sintaxis y, sobre todo, su utilidad.
La sintaxis de las clases internas es bastante sencilla: **una clase interna es una clase dentro de otra clase**.

Sintaxis de Clases Internas

Podemos definir una clase, llamémosla ClaseExterna, con su llave de apertura y cierre. Dentro del ámbito de ClaseExterna, podemos declarar otra clase, a la que llamaremos ClaseInterna, también con su llave de apertura y cierre. ClaseInterna sería la clase interna porque está dentro del ámbito de ClaseExterna.

```
public class ClaseExterna {
    // Campos y métodos de la clase externa

    // Definición de una clase interna
    public class ClaseInterna {
        // Campos y métodos de la clase interna
    }
}
```

Cada una de las clases, tanto la externa como la interna, puede tener su propio código, con métodos de acceso, campos encapsulados, campos públicos, etc., funcionando como clases independientes.

Utilidad de las Clases Internas

¿Por qué necesitaríamos crear clases internas en Java? Los motivos pueden ser varios:

1. **Acceso a Campos Privados**: Si un campo de clase tiene el modificador de acceso privado, solo es accesible desde la clase donde está declarado. Sin embargo, podría haber una situación en la que necesites que una clase acceda a un campo privado de otra sin que el acceso sea público para todas. En este caso, podrías crear una clase interna para permitir el acceso.

2. **Ocultar Clases dentro del Mismo Paquete**: Las clases dentro del mismo paquete son visibles entre sí. Si necesitas encapsular una clase específica para que no sea visible para las demás, puedes declararla como una clase interna.

3. **Gestión de Eventos y Retrollamadas**: Las clases internas anónimas son muy útiles para gestionar eventos y retrollamadas, ya que simplifican enormemente el código, especialmente en aplicaciones complejas con muchos eventos.

4. **Acceso a Todos los Campos de Ejemplar**: Puede que necesites que una clase acceda a todos los campos de ejemplar (privados, públicos y protegidos) de otra clase. En este caso, convertir la clase en una clase interna facilitará este acceso.

Ejemplo Práctico

Veamos la sintaxis y cómo una clase interna puede acceder a un campo privado de la clase externa:

```
public class ClaseExterna {
    private String mensaje = "Hola desde la clase externa";

    // Clase interna
    public class ClaseInterna {
        public void mostrarMensaje() {
            // Accediendo al campo privado de la clase externa
            System.out.println(mensaje);
        }
    }

    public static void main(String[] args) {
        // Creando una instancia de la clase externa
        ClaseExterna externa = new ClaseExterna();

        // Creando una instancia de la clase interna
        ClaseExterna.ClaseInterna interna = externa.new ClaseInterna();

        // Llamando al método de la clase interna
        interna.mostrarMensaje();
    }
}
```

En este ejemplo, ClaseInterna es una clase interna de ClaseExterna. ClaseInterna puede acceder al campo privado mensaje de ClaseExterna. En el método main, primero creamos una instancia de ClaseExterna, luego una instancia de ClaseInterna usando la instancia de ClaseExterna, y finalmente llamamos al método mostrarMensaje de ClaseInterna que accede al campo privado mensaje.

Clases Internas Anónimas

Las clases internas anónimas son clases internas, es decir, clases dentro de otras clases, pero con la particularidad de que no tienen nombre, de ahí el término "anónimas". Estas clases se utilizan para simplificar el código cuando necesitas crear una clase sobre la marcha y **solo se instancian una vez**.

Utilidad de las clases internas anónimas

La principal utilidad de las clases internas anónimas es simplificar el código. Al crear una clase de manera inmediata y anónima, evitas tener que declarar una clase adicional en tu código. Esto es especialmente útil cuando necesitas una instancia de una clase solo para llamar a un método o para pasar esa instancia como parámetro a otro método. Aunque lo que puedes hacer con una clase interna anónima también lo puedes hacer con una clase interna normal, las clases anónimas simplifican el código. Son especialmente útiles para gestionar eventos y retrollamadas.

```
public class Ejemplo {
    public static void main(String[] args) {
        // Creando una clase interna anónima que
implementa Runnable
        Runnable runnable = new Runnable() {
            @Override
            public void run() {
                System.out.println("Hilo en
ejecución");
            }
        };

        // Ejecutando la clase interna anónima
        new Thread(runnable).start();
    }
```

```
}
```

Temporizador con una Clase Interna Anónima

Vamos a crear un programa Java que ejecuta una acción cada ciertos segundos. La creación de temporizadores en Java, como en cualquier otro lenguaje, es importante porque permite que nuestras aplicaciones ejecuten tareas repetitivas en segundo plano.

Para ello, utilizaremos la clase Timer de la API de Java. Al buscar en la API, veremos que hay tres clases Timer. La clase que nos interesa es la que pertenece al paquete javax.swing.

Selección de la Clase Correcta

Si no sabes cuál clase usar, debes leer la descripción de cada una en la API hasta encontrar la adecuada. La clase Timer que necesitamos se encuentra en el paquete javax.swing, por lo que debemos importarlo. Esta clase implementa la interfaz Serializable.

Constructor de la Clase Timer

El constructor de la clase Timer recibe dos parámetros: un int que representa el retraso en milisegundos y un objeto de tipo ActionListener. El retraso en milisegundos indica tanto el retraso inicial como el intervalo entre eventos.

Implementación del Código

Vamos a crear un temporizador que imprime un mensaje en consola cada 5 segundos utilizando una clase interna anónima.

```java
import javax.swing.*;
import java.awt.event.*;

public class PruebaTemporizador {
    public static void main(String[] args) {
        Timer miTemporizador = new Timer(5000, new
ActionListener() {
            @Override
            public void actionPerformed(ActionEvent
event) {
                System.out.println("Hola alumnos");
            }
        });
        miTemporizador.start();

        JOptionPane.showMessageDialog(null, "Pulsa
Aceptar para detener");
        System.exit(0);
    }
}
```

Explicación del Código

1. **Importaciones**: Importamos las clases necesarias del paquete javax.swing y java.awt.event.

   ```java
   import javax.swing.*;
   import java.awt.event.*;
   ```

2. **Creación del Temporizador**: Creamos un objeto Timer que se ejecuta cada 5000 milisegundos (5 segundos). El segundo parámetro es un ActionListener anónimo que implementa el método actionPerformed, el cual imprime "Hola alumnos" en la consola.

   ```java
   Timer miTemporizador = new Timer(5000, new
   ActionListener() {
       @Override
   ```

```
    public void actionPerformed(ActionEvent
event) {
        System.out.println("Hola alumnos");
    }
});
```

3. **Inicio del Temporizador**: Llamamos al método start para iniciar el temporizador.

```
miTemporizador.start();
```

4. **Mantener la Aplicación en Ejecución**: Utilizamos JOptionPane.showMessageDialog para mostrar una ventana que mantiene la aplicación en ejecución hasta que el usuario pulse "Aceptar". Esto evita que el programa termine antes de que el temporizador pueda ejecutar su acción.

```
JOptionPane.showMessageDialog(null, "Pulsa
Aceptar para detener");
System.exit(0);
```

En este ejemplo, usamos una **clase interna anónima** para implementar la interfaz ActionListener. Una clase interna anónima se define en el momento de su creación, y es útil para situaciones donde se necesita una implementación sencilla y de corta duración de una interfaz o clase abstracta. Aquí, la clase interna anónima se usa para definir el comportamiento del temporizador.

Clases Internas Locales

Como su nombre indica, las clases internas locales son clases que se encuentran dentro de otra, de ahí el término "clase interna". La palabra "local" indica que estas clases no solo se encuentran dentro de otra clase, sino **dentro de un método perteneciente a una clase externa**. Esto hace que las clases internas locales sean aún más encapsuladas que las clases internas que hemos visto en ejemplos anteriores.

Utilidad de las Clases Internas Locales

Las clases internas locales son útiles cuando se instancia una clase interna una única vez. Si necesitas crear dos o más instancias, no podrás usar una clase interna local. La principal ventaja de utilizar clases internas locales es la simplificación del código. Aunque al principio puede parecer complicado leer o interpretar el código Java con clases internas locales, con la práctica, verás que simplifican el código y pueden hacer que sea más fácil de leer.

El ámbito de una clase interna local queda restringido al método donde es declarada, permitiendo un mayor encapsulamiento. Ni siquiera la clase a la que pertenece puede acceder a ella. Por lo tanto, son útiles cuando necesitas encapsular una clase al máximo.

Sintaxis de las Clases Internas Locales

La sintaxis de las clases internas locales es bastante sencilla. A continuación, se muestra un ejemplo:

```java
public class ClaseExterna {

    public void metodoExterno() {
        // Definición de la clase interna local
        class ClaseInternaLocal {
```

```
        // Campos, métodos y constructores de la
clase interna local
        void mostrarMensaje() {
            System.out.println("Mensaje desde la
clase interna local");
        }
    }

    // Instanciación y uso de la clase interna
local
    ClaseInternaLocal instancia = new
ClaseInternaLocal();
    instancia.mostrarMensaje();
    }

    public static void main(String[] args) {
        ClaseExterna externa = new ClaseExterna();
        externa.metodoExterno();
    }
}
```

1. **Definición**: La clase ClaseInternaLocal se define dentro del método metodoExterno de la clase ClaseExterna.
2. **Campos y Métodos**: La clase interna local puede tener campos, métodos y constructores como cualquier otra clase.
3. **Instanciación**: La instanciación de la clase interna local se hace dentro del mismo método donde se define.
4. **Acceso**: La clase interna local puede acceder a las variables y métodos del método que la contiene, pero no se puede acceder a ella desde fuera de este método.

Restricciones

- **Modificadores de Acceso**: Una clase interna local no puede tener modificadores de acceso (public, private, protected).
- **Encapsulamiento**: La clase interna local está encapsulada dentro del método en el que se declara y no puede ser accedida desde fuera de este método.

Ejemplo Práctico: Temporizador

Para ilustrar el uso de una clase interna local, vamos a modificar el ejemplo del temporizador:

```java
import javax.swing.*;
import java.awt.event.*;

public class PruebaTemporizador {

    public static void main(String[] args) {
        // Clase interna local dentro del método main
        class MiActionListener implements
ActionListener {
            @Override
            public void actionPerformed(ActionEvent
event) {
                System.out.println("Hola alumnos");
            }
        }

        // Instanciación de la clase interna local
        Timer miTemporizador = new Timer(5000, new
MiActionListener());
        miTemporizador.start();

        JOptionPane.showMessageDialog(null, "Pulsa
Aceptar para detener");
        System.exit(0);
    }
}
```

1. **Definición de la Clase Interna Local**: La clase MiActionListener se define dentro del método main de la clase PruebaTemporizador.
2. **Implementación de ActionListener**: La clase interna local implementa la interfaz ActionListener y sobreescribe el método actionPerformed.
3. **Instanciación y Uso**: La clase MiActionListener se instancia y se pasa al constructor del Timer.

Las clases internas locales en Java permiten una mayor encapsulación y simplificación del código cuando solo se necesita instanciar la clase una vez. Aunque su sintaxis y uso pueden parecer complejos al principio, con la práctica, se vuelven herramientas valiosas para mejorar la organización y claridad del código en Java.

Conclusión

¡Felicidades por completar este recorrido por los fundamentos y la programación orientada a objetos en Java! A lo largo de este libro, has adquirido una base sólida en el lenguaje Java, comenzando desde los conceptos básicos hasta la implementación de técnicas esenciales en la programación orientada a objetos.

Has aprendido a configurar tu entorno de desarrollo, manejar tipos de datos, variables y operadores, y a controlar el flujo de tus programas. Además, te has adentrado en los pilares de la programación orientada a objetos, dominando conceptos como la creación y manipulación de objetos, la herencia, el polimorfismo, y el uso de clases abstractas e interfaces.

Estos conocimientos no solo te permiten construir aplicaciones eficientes y bien estructuradas, sino que también te preparan para enfrentar desafíos más complejos en el mundo del desarrollo de software. La programación orientada a objetos es un paradigma poderoso que te proporcionará la flexibilidad y la modularidad necesarias para abordar proyectos de mayor envergadura.

Aunque este libro cubre los aspectos fundamentales, Java es un lenguaje extenso con muchas más características y bibliotecas que puedes explorar. Te animo a seguir practicando, experimentar con proyectos propios, y continuar tu aprendizaje en áreas como la programación concurrente, el desarrollo web con Java, o la creación de aplicaciones móviles.

Recuerda que la clave del éxito en la programación es la práctica constante y la curiosidad por aprender más. ¡El camino hacia el dominio de Java apenas comienza!

Derechos de Autor

www.ingramcontent.com/pod-product-compliance
Lightning Source LLC
Chambersburg PA
CBHW071241050326
40690CB00011B/2220